일상의 위험으로부터 나를 지키는 기술

일상의 위험으로부터 나를 지키는 기술

초판인쇄   2018년 8월 25일
초판발행   2018년 9월 3일
발 행 인   민유정
발 행 처   대경북스
  ISBN   978-89-5676-650-8

이 도서의 국립중앙도서관 출판예정도서목록(CIP)은 서지정보유통지원시스템 홈페이지
(http://seoji.nl.go.kr)와 국가자료종합목록시스템(http://www.nl.go.kr/kolisnet)
에서 이용하실 수 있습니다.
(CIP제어번호 : CIP2018026239)

등록번호 제 1-1003호
서울시 강동구 천중로42길 45(길동 379-15) 2F
전화: (02)485-1988, 485-2586~87 · 팩스: (02)485-1488
e-mail: dkbooks@chol.com · http://www.dkbooks.co.kr

들어가며

평소 공기의 소중함을 느끼며 사는 사람은 몇 명이나 될까?

인간이 호흡이라는 행위를 하려면 반드시 공기가 필요하다. 호흡을 통해 공기 중의 산소를 받아들이고, 폐에서 받아들인 산소는 혈액을 타고 몸 구석구석으로 이동하여 세포의 에너지대사를 돕는다. 이렇게 중요한 호흡행위는 인간의 의사와 상관없이 아주 자연스럽게 이루어지고 있다.

우리가 밥을 먹을 때나 길을 걸어다닐 때, 그리고 다른 사람들과 얘기하며 좋은 시간을 보내고 있을 때 우리 몸에서 끊임없이 일어나고 있는 현상 중 하나가 호흡이다. "나는 지금 호흡하고 있구나."라고 의식적으로 생각하지 않더라도 호흡은 코와 폐 등을 통해 자연스럽게 이루어진다.

호흡은 너무 자연스럽고 당연한 일이고 내가 애써 생각하지 않더라도 무의식적으로 이루어지는 행위이다 보니 우리는 일상에서 공기의 소중함을 잘 모르고 지낸다. 물론 물에 빠지거나 숨을 쉬지 못하는 상황을 겪을 때는 마음이 달라진다. 입장을 바꿔 공기의 입장에서 보면 너무 서운하지 않을까?

공기 외에도 인간에게 당연한 대우를 받고 있는 대상이 하나 더 있다. 그것은 안전安全이다.

TV 등을 통해 '안전불감증'이라는 용어를 한번쯤은 들어보았을 것이다. 숨을 쉬며 살아가니까 공기의 소중함을 모르듯이 안전도 무심코 지나치는 경우가 많다. 살아가는 데 많은 지장을 주고 즉각적인 조치가 필요한 질병이나 위급상황이 아니므로 무심코 지나쳐버리는 것이 바로 안전이다. 그리고 무지함으로 인해 사고가 발생한 다음 가장 후회하고 반성하는 부분 또한 안전이다.

너무나 운이 좋아 일생 동안 단 한 번의 위험없이 편안한 삶을 살아간다면 안전을 몰라도 전혀 문제될 것이 없다. 하지만 세상 그 누구도 살아가는 데 몇 번의 위험이 있을지, 오늘 또는 내일 어떤 위험이 발생할지 예상할 수 없다. 사고와 범죄는 항상 자신의 의지와 상관없이 발생하기 때문이다.

우리는 건강한 삶을 위해 금연을 하기도 하고, 몸에 좋은 음식을 찾아서 먹기도 하고, 요가·마사지·운동 등에 관심을 가지고 많은 시간을 투자하고 있다. 그러나 정작 자신의 생명이나 신체에 대한 위험에는 그만큼 관심을 두지 않는 점을 필자는 안타깝게 생각한다. 공기의 경우와 같이 현재 우리가 안전하게 잘 살고 있으므로 안전의 소중함을 잊고 지내지만, 안전을 위협하는 상황에 직면하면 그때서야 안전에 대한 소중함을 느낀다.

그럼 앞으로 어떻게 해야 할는지는 바로 결론이 나오지 않겠는가?

우리가 건강에 관심을 갖듯 평소 안전에 작은 관심을 가지면 그 관심이 자신의 삶에 중요한 영향을 미치게 될 것이다. 자신의 안전은 자신뿐만 아니라 가족의 행복이란 걸 절대 잊어서는 안 된다. 첫째도 안전, 둘째도 안전. '안전제일安全第一'이라는 말이 괜히 있는 게 아니다.

안전은 특정상황에서만 요구되지 않는다. 인간의 손과 발이 닿고 있는 곳 어디서나 강조되어야 한다.

필자는 안전에 대한 문제 중 가장 불확실성이 높은 사람에 대한 문제를 다룬다. 특히 「묻지마범죄」와 같은 우발적이고 치명적인 상황에 대처하기 위한 호신술, 즉 자기방어에 대해 얘기하고자 한다. 이 책은 단순히 자신의 몸을 보호하는 테크닉 위주의 일반적인 호신술 교본이 아니라 안전한 삶을 위한 정신무장과 신체움직임에 대한 기초를 다룬다.

테크닉의 경우 굳이 필자가 소개하지 않더라도 각종 매체를 통해 얼마든지 다양한 정보를 얻을 수 있다. 어차피 사람의 신체구조와 기능은 동일하기에 테크닉의 사용법은 크게 그 범위를 벗어나지 않는다. 테크닉의 홍수 속에서 필자가 정말 중요하게 생각하는 부분은 그런 테크닉을 잘 활용할 수 있는 신체적·정신적 준비상태이다. 어떠한 상황 앞에 왜 그래야 하고, 어떻게 해야 하는지 아는 사람과 그냥 테크닉만 습득한 사람의 대응은 다를 수밖에 없다. 더욱이 법치국가에 살고 있는 현실을 본다면 무작정 자기방어에 접근해서는 절대 안 된다.

우리가 어떤 제품을 구입하면 제품설명서를 통해 필요한 정보를 얻고 사용방법을 습득하는데, 이 책이 그러한 역할을 하길 바란다. 그냥 사용해서는 안 되고 잘 사용해야 그 제품을 효율적으로 활용하듯이, 자기방어 또한 무작정 부딪치는 행위보다 제대로 알고 부딪쳐야 효율적으로 움직일 수 있다.

이 책에는 자기방어에 대한 필자의 주관이 들어 있다. 필자의 생각이 독자들의 생각과 다를 수도 있겠지만, 필자를 통해 자신의 안전을 한 번 더 생각해 볼 수 있는 계기가 되었다면 그보다 좋은 일이 어디 있겠는가. 개인적 바람은 꼭 필자의 생각과 같지 않더라도 자기에게 맞는 방어방법을 연구하고 이를 생활화했으면 한다. 그래서 범죄자 앞에서 당당해지고 범죄자가 두려워하는 세상을 같이 만들어갔으면 좋겠다.

아직은 부족한 필자의 글이 이 시대를 살아가는 모든 사람들에게 작은 도움이 되어 항상 건강과 행복이 함께하기를 바란다.

"자기방어는 습관이고 생활이다.
언제나 어디에서나 우리는 준비되어 있어야 한다."

2018년 가을, 첫 번째 마침표를 찍다.

contents

이 책은 법집행관을 위한 책이 아닙니다.
법집행관의 입장에서는
일반인들과 다른 해결방법이 필요합니다.
내용을 이해하는 데 착오가 없기를 바랍니다.

1

자기방어가 왜 필요한가

불不안전安全한 일상

"왜 자기방어를 해야 하는가?"
"어떻게 자기방어를 해야 하는가?"

　두 질문에 명확한 답변이 생각나지 않는다면 당신은 현재 불不안전安全한 일상을 살고 있다. 불안전함은 곧 잠재적인 피해자를 의미하며, 언제든 범죄의 표적이 될 수 있다. 치명적인 위험에서 간신히 벗어나서 '소 잃고 외양간 고칠 수 있는 기회'라도 다시 주어진다면 참으로 다행스러운 일이다.

Q.1 **왜** 자기방어를 해야 하는가?

➡️ 목적과 필요성 ➡️ 현실적인 계획과 사고의 틀

Q.2 **어떻게** 자기방어를 해야 하는가?

➡️ 방법 ➡️ 정신적·육체적 준비상태 및 대응방법

왜 자기방어를 해야 하는가

어릴 적 유치원 선생님이나 부모님은 우리에게 항상 이렇게 얘기했다.

"횡단보도에 녹색등이 켜졌을 때 손을 들고 지나가야 한다."

"모르는 사람이 같이 가자고 하면 싫다고 해야 한다."

"모르는 사람에게 절대 문을 열어줘서는 안 된다."

"어디 갈 때는 꼭 부모님께 알려야 한다." 등......

우리는 우리가 살아가면서 필요한 안전에 대한 중요성을 늘 강조받으며 지내왔다. 어느 정도 독립적인 생활을 하는 나이가 되었을 때는 안전에 대한 체험이라는 좀 더 특별한 방식의 교육을 받았다. 그러나 학창시절이 끝남과 동시에 안전에 대한 교육은 스스로 찾아가지 않는 이상 먼 나라의 얘기가 되어가고 있는 실정이다.

우리는 공기가 존재함으로써 호흡할 수 있다는 사실에 매순간 감사하며 살지는 않는다. 왜? 인간의 호흡은 굳이 의식하지 않아도 자동으로 되는 일이기 때문이다.

안전불감증도 마찬가지이다. 공기의 소중함을 모르듯 자연스럽게 반복되는 우리의 일상이 당연하게 느껴지면 안전에 대한 감각은 그만큼 둔해지고 쉽게 잊혀진다. 언론에서 각종 범죄나 안전사고 소식을 접하면 그때는 잠시 걱정하지만, 시간이 지날수록 예전처럼 지내는 게 우리의 현실이다.

2017. 2. 경기 화성 동탄 메타폴리스 부속상가 화재 사고
[사고 원인] 오작동을 우려하여 평소 화재경보기를 끄고 스프링쿨러 밸브도 잠근 상태로 지냄.

2017. 5. 경남 삼성중공업 거제조선소 크레인 사고
[사고 원인] 현장 관리자의 관리 소홀. 위험 장애물 확인 소홀 등 안전의식 없이 관행적으로 작업 진행.

2017. 12. 충북 제천시 스포츠센터 화재 사고
[사고 원인] 소방설비 정상 작동 여부 점검 미실시 및 비상구 폐쇄 등 건물 안전 관리 소홀.

안전불감증에 대한 사고 사례는 필자가 굳이 나열하지 않더라도

항상 우리 주위에서 발생한다. 좀 더 편하고 익숙한 행동을 찾는 인간의 뇌 특성 때문인지 안전불감증은 위험한 상황임에도 안전하다고 생각하는 긍정의 익숙함이 그 원인이라 할 수 있다.

안전에 대한 교육, 안전에 대한 확인, 안전에 대한 조치는 나와 남 모두의 생명과 재산을 보호하기 위해 당연히 해야 할 일이다. 다만 그렇게 하지 않아도 여태껏 잘 지내왔고 일을 진행하는 데 당장 지장도 없다.

하지만 한번쯤 생각해봐야 할 일은 사고란 언제 어디서든 발생할 수 있고, 그 발생원인과 환경을 제공하는 사람에게 발생할 확률이 더 높다는 사실이다.

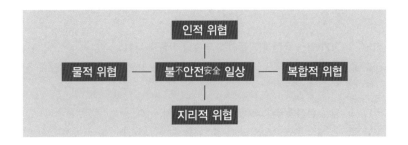

만약 이 세상에 자신 말고 다른 사람이 존재하지 않는다면 그 사람은 안전한 삶을 살 수 있을까? 다른 사람이 없다고 해도 자연재해, 스스로 유발한 안전사고, 동물의 습격 등 예기치 않은 사건사고가 당신을 위협할 것이다. 혼자 산다고 해도 안전이 보장되지 않는데, 수많은 사람들과 같은 공간 속에 살아가는 우리의 삶은 결코 안전하지 않다.

특히 타인의 고의나 과실에 의해 발생될 위협은 예측하기 힘들고, 대응 또한 어렵기만 하다. 오늘날 우리가 세계적으로 뛰어난 치안 시스템 속에 생활하고 있더라도 경찰관이 당신 옆에 붙어 다니지 않는 이상, 안전을 위협하는 상황에 스스로 대응할 준비가 평소 되어 있어야 한다. 경찰관이 당신이 있는 곳으로 오는 시간보다 범죄자가 당신을 공격하는 시간이 항상 더 짧고 빠를 수밖에 없다. 안전에 대한 대응은 나로부터 시작되는 것이 당연한 논리이다.

안전한 삶을 영위하기 위해서는 자신만의 계획과 사고의 틀을 마련하여 언제 어디서든 위험에 대비한다는 생각으로 생활해야 한다. 안전한 삶을 산다는 건 크게 어려운 일이 아니다. 반복되고 습관이 되다 보면 그 역시 숨을 쉬는 것처럼 당연한 일이 되어 있을 것이다.

"안전은 당연히 주어지는 것이 아니다.
안전해지려고 노력했기에 안전한 것이다."

어떻게 자기방어를 해야 하는가

자신의 몸을 보호하기 위해 가장 많이 하는 행동 중의 하나가 인근 체육관이나 호신용품을 찾는 일이다. 그럼 성능 좋은 호신용품을 가진 사람이나 운동이나 격투기를 잘하는 사람만이 안전한 삶을 살게 되는 것일까?

자기방어에 대한 필자의 생각은 고수와 같은 테크닉을 요하는 것도, 값비싼 호신용품을 구매하라는 것도 아니다. 다만 익숙한 현실에서 벗어나 자기방어에 대한 관심과 노력만 있으면 누구든지 할 수 있는 일이다.

건강을 위해 병원을 찾거나 운동을 하는 등 꾸준하게 관리하는 것처럼, 안전에 대해서도 관심을 갖고 지속적으로 관리만 해주면 된다. 절대 어려워하지 말고 일단 안전에 대해 관심부터 갖자.

자주 이용하는 버스에서 화재가 발생했을 때, 내 앞에 칼을 든 상대가 나타났을 때, 갑자기 누군가 나를 공격할 때, 낯선 곳을 방문할 때 나는 어떻게 행동해야 할지 알아야 한다.

이와 같이 안전해질 수 있는 방법을 스스로 연구하고, 연구한 방법을 계속 연습하고, 더 효율적인 방법을 찾다보면 어느 순간 자신만의 대응방법이 몸에 배게 된다. 마치 TV프로그램 「생활의 달인」에 나오는 주인공처럼 처음부터 달인이 되려는 목표를 가지지

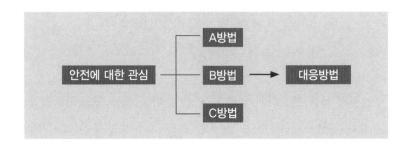

안전에 대한 관심 ─ A방법 / B방법 → 대응방법 / C방법

않더라도 반복이 몸에 배고 습관화되어 자연스럽게 그 분야의 달인이 되는 것이다.

한번 몸으로 익힌 대응방법은 위험이라는 조건을 만나면 반사적으로 대응을 할 수 있도록 몸에 각인된다. 습관이 무서운 이유가 바로 습관화된 움직임이 무의식중에 나오기 때문이다. 거창한 계획과 화려한 도구보다 지속적 관심과 노력이 최선의 자기방어임을 잊지 말자.

필자는 현재를 살아가는 모든 사람들이 불不안전安全한 일상 속에서 범죄에 두려워하며 과민한 삶을 살아가기를 원하지 않는다. 불不안전安全한 일상이기에 스스로 대비하여 안전한 삶을 영위하기를 바랄 뿐이다. 왜냐하면 안전은 개인의 생명이나 재산과 관련된 매우 중요한 항목이기 때문이다. 삶이라는 열차에 편도표를 끊고 탑승했기에 우린 절대 되돌아올 수 없다. 후회해봐야 후회의 감정만 쌓일 뿐이다.

자신의 안전을 보장해 줄 든든한 보디가드가 옆에 없다면 안전에 대해서 스스로 챙기고 끊임없이 관리할 필요가 있다. 필자가 평소 애용하고 있는 모 업체의 캐치프레이즈인 "ALWAYS BE READY"처럼 우린 항상 준비되어 있어야 한다. 불확실한 확률에 자신의 소중한 생명을 맡기기보다 적극적인 자세로 불不안전安全한 일상을 헤쳐나가자!

「묻지마범죄」가 왜 위험할까

대검찰청 통계에 따르면 강력범죄 중 흉악범죄살인, 강도, 성폭력 등의 발생건수는 해가 갈수록 늘고 있다. 2007년 21,636건에서 2016년 32,963건으로 지난 10년 동안 강력흉악범죄의 발생률은 약 52.3% 증가하였다.

최근 5년간 강력범죄 발생건수

2012년	2013년	2014년	2015년	2016년
28,895건	33,780건	34,126건	35,139건	32,963건

출처 : 대검찰청 통계 「2017 범죄분석」

흉악범죄 중 살인과 강도 등은 감소 추세살인은 10년 전보다 20.3% 감소, 강도는 74.9% 감소를 보이고 있는 반면 여성 상대 성폭력범죄는 2007년 14,344건에서 2016년 29,357건으로 지난 10년 동안 100% 이상 증가하여 흉악범죄의 발생률을 높이는 원인으로 분석되었다.

최근 5년간 성폭력범죄 발생건수

2012년	2013년	2014년	2015년	2016년
23,365건	29,090건	29,863건	31,063건	29,357건

출처 : 대검찰청 통계 「2017 범죄분석」

그런데 증가된 흉악범죄 발생률보다 사람들을 더 불안하게 만드는 요소가 있다. 기존 범죄 유형처럼 특정 대상을 목적으로 한 범죄가 아닌 불특정 사람들을 대상으로 한 무차별적인 살인과 폭행 등의 범죄가 꾸준히 발생되고 있다는 것이다.

「묻지마범죄」로 표현되는 이런 범죄의 형태는 단순폭행보다 칼과 같은 위험한 도구를 사용하여 무차별적 범행을 저지르기에 살인 및 중상해 피해자가 발생하는 강력한 범죄에 해당한다.

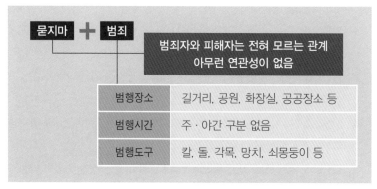

※「묻지마범죄」의 가해자들은 대부분 일부 사회소외계층이나 정신질환자들이었고, 현실불만, 정신질환, 알코올이나 약물중독 등이 범죄의 주요 원인이었다.

2012~2014「묻지마범죄」의 원인 분석

총 163건	현실불만	정신질환	약물남용	기타
	39건(24%)	59건(36%)	58건(35%)	7건(4%)

출처 : 대검찰청「보도자료(2015. 8. 28.)」

길을 걷는데 갑자기 누군가 나에게 심각한 위해행위를 하려 한다면 나는 그것을 예상하고 피할 수 있을까? 나와 이해관계가 있거나 길거리에서 시비가 되어 다툼이 일어나는 경우는 상대방의 위해행위를 어느 정도 예상하고 대응할 준비를 할 수 있다. 그러나 「묻지마범죄」의 경우는 이와 다르다.

【묻지마범죄의 사례】

- 2011. 10. 서울 00역에 진입하던 지하철 안에서 50대 남자가 흉기를 꺼내 다른 승객의 허벅지를 찌르는 등 난동을 부림.

- 2012. 4. 충북 청주 00건물 앞에서 30대 남성이 길을 가던 남성에게 아무런 이유없이 흉기를 휘둘러 살해함.

- 2013. 3. 서울 00초등학교 앞에서 한 남성이 길을 가던 남성과 초등학생에게 흉기를 휘둘러 부상을 입힘.

- 2014. 3. 제주 00중학교 앞에서 40대 남성이 등교하던 10대 여학생에게 흉기를 휘둘러 부상을 입힘.

- 2015. 3. 경남 진주 00건물에서 50대 남성이 같은 건물에 있던 남성에게 아무런 이유없이 흉기를 휘둘러 살해함.

- 2016. 1. 서울 00거리에서 30대 남성불법체류자이 지나가던 10대 남학생 2명에게 폭행을 가하고 흉기를 휘두르는 등 난동을 부림.

- 2016. 5. 서울 00역 번화가 한 건물 화장실에서 30대 남성이 일면식 없는 여성에게 흉기를 휘둘러 살해함.

- 2016. 5. 부산 00마트 인근에서 50대 남성이 지나가던 여성 2명에게 둔기를 휘둘러 부상을 입힘.

- 2016. 8. 경기도 안양 00상가에서 30대 남성이 건물 청소를 하던 여성 2명을 흉기로 찌르는 등 난동을 부림.
- 2016. 8. 광주 00공원에서 신원 미상의 남성이 아무런 이유없이 운동을 하고 있던 여성에게 흉기를 휘둘러 부상을 입힘.
- 2017. 5. 경남 남해 00마트에서 20대 남성이 아무런 이유없이 계산대 앞에 있던 10대 남성을 흉기로 찔러 부상을 입힘.

위의 예는 아무런 관계가 없는 사람이 시간이나 장소를 가리지 않고 저지르는 무차별 폭행, 상해, 살인 등의 발생사례이다.

이러한 경우 누구든 그것에 대응할 시간적 여유가 없을 뿐더러 평소 그와 관련된 연습이 되어 있지 않은 사람은 본능적으로 몸이 굳어지게 마련이다. 놀람과 공포로 인해 시야는 좁아지고, 뇌는 판단력을 잃게 되며, 손과 발이 말을 듣지 않는 등 자신의 신체를 컨트롤하지 못한 채 무작정 뒷걸음질치거나 상대방의 폭력에 굴복하는 상황이 벌어진다. 따라서 이를 바라보는 사람들의 입장에서 불안감과 공포심이 늘어만 갈 수밖에 없다.

"당신도 표적이 될 수 있다.
이유는 없다."

이런 사회적 분위기 때문인지 호신용품의 구매나 호신술 수련의 필요성을 느끼는 사람들이 계속 늘고 있다. 그런데 호신용품 구매나 호신술 수련행위보다 더 중요한 것은 자신을 둘러싼 환경을 이해하고 자신이 배우고 익힌 방법을 올바르게 사용하는 것이다.

특히 「묻지마범죄」와 같이 자신의 생존이 달려 있는 상황이 발생하면 자신이 배우고 익힌 것들의 올바른 사용이 문제 해결에 결정적인 역할을 한다. 그냥 아는 것보다 잘 아는 것이 자신의 생존확률을 그만큼 높여 준다는 점을 절대 잊지 말자!

여섯 번째 감각

"이곳은 왠지 감感이 좋지 않아. 벗어나도록 하자."
"내 판단에는 잠시 기다렸다 우회하는 것이 좋겠다."

인간이 이런 판단을 하는 근거는 무엇인가? 시각적으로 보이지 않고 느껴지지도 않는 상황을 어떻게 인식하고 반응하게 되는가?

인간이 가지고 있는 다섯 가지 감각시각·청각·후각·미각·촉각 이외 무엇이라고 특정지어 말할 수는 없는 직관적인 인지기능을 흔히 여섯 번째 감각, 즉 육감이라 한다. 육감이란 보이지 않고 느껴지지 않는 상황에 대한 감각이므로, 우리가 선천적으로 타고난 오감처럼 분석적인 사고와 이성적인 판단을 통해 결론을 내릴 수 있는 감각은 아니다. 낯선 곳을 갈 때나 갑작스런 위험에 처했을 때와 같이 순간적인 판단능력이 요구되는 상황에 필요한 것이 육감과 같은 초감각적인 능력이다.

그런데 육감은 어떻게 만들어지는가?

우린 남의 마음을 빨리 알아채고 행동으로 옮기는 사람에게 흔히 '눈치가 빠르다'는 표현을 쓴다. 눈치란 선천적인 습성 외에 후천적인 경험과 노력의 결과가 어우러진 산물産物이라고 할 수 있으며, 육감 또한 후천적인 학습과 경험, 오랜 연구와 노력의 결과가 축적되어 나오는 감각이라 할 수 있다. 눈치가 빨라서 미리 움직이는 사람처럼 육감이 뛰어나다면 예측할 수 없는 위험에 대한 대처가 그만큼 빨라질 수 있다.

| 선천적인 능력 | + | 학습, 경험, 연구, 노력 | = | 육감, 직관, 통찰력 |

어떤 상황이 벌어졌을 때 오감으로 느끼는 객관적 분석과정은 해당 기관에 장애가 있는 경우를 제외하면 누구나 할 수 있다. 생활을 영위하는 정도의 상황만 계속된다면 오감만으로도 문제될 게 없다.

하지만 한 번도 경험해보지 못한 상황 속에서 초를 다투는 급박한 순간에 오감에만 의지한다면 상황해결 능력은 떨어질 수밖에 없다. 그래서 육감을 활용한 보다 빠른 상황인식 능력과 즉시 결정할 수 있는 판단능력이 필요하다.

여섯 번째 감각 **=** **상황인식** **+** **판단능력**

　상황인식 능력과 판단능력에 대해서는 나중에 자세히 다루겠지만, 상황인식과 판단이 조건반사적으로 이루어져 반응시간이 줄어들수록 자신의 생존확률 또한 높아진다는 점은 꼭 강조하고 싶다. 복잡하고 험난한 이 시대를 살아가는 우리들이 각종 상황을 해결하기 위해 여섯 번째 감각을 갖출 수 있다면 보다 안전하고 발전적인 모습의 삶을 살아갈 수 있을 것이다.

"비가 오기 전에 우산을 준비한 사람은
비가 오더라도 당황하지 않는다.
비가 오는 중에 우산을 찾는 사람은
비에 젖은 채 당황하기 마련이다.
우산을 미리 준비하는 것은
당장은 필요 없고 귀찮게 느껴지겠지만,
우리는 비가 올 것을 예상할 뿐
비는 언제나 자기가 오고 싶을 때 온다."

자기방어를 위한 여섯 번째 감각

"혹시 자신을 방어하는 방법에 대해 알고 계십니까?"

불특정 다수를 상대로 무차별적인 강력범죄가 벌어지고 있는 현실에서 이러한 질문을 받았을 때 당신은 어떤 답을 할 것인가?

"나에게는 이런 일이 일어나지 않을 거야.", "경찰에 신고하면 되죠."라는 순진하고 무책임한 답변을 한다면 자신의 생존을 위해 그리 좋은 사고방식이 아니다. 바쁜 현대인들의 입장에서는 언제 발생할지 모르는 안전에 대해 걱정하는 게 머리 아플 수 있다. 그러나 다른 사람도 아닌 바로 나 자신의 안전에 대해 한번쯤은 진지하게 생각해봐야 하지 않겠는가?

나에게는 이런 일이 일어나지 않는다?

동전을 던져서 앞면이 나올 확률은 2분의 1, 주사위를 던져서 자신이 원하는 숫자가 나올 확률은 6분의 1과 같이 사람들은 앞으로의 상황을 확실하게 예측할 수 없을 때 흔히 확률이라는 개념을 얘기하곤 한다.

> 욕조에서 넘어져 죽을 확률 : 80만 1,923분의 1
> 벼락에 맞아 죽을 확률 : 428만 9,651분의 1
> 로또에 당첨될 확률 : 814만 5,060분의 1

위의 세 가지 상황은 살아가면서 확률적으로 발생 가능성이 희박한 일들이라 생각하지만, 실제 우리 주위에서 이와 같은 일들이 발생되고 있다는 점에 주목할 필요가 있다. 따라서 내가 그 확률의 주인공이 아니라는 착각보다 주인공이 될 수도 있다는 점에 관심을 가져야 하고, 그런 관심이 안전한 삶을 보장하는 원동력이다.

"나에게는 이런 일이 일어나지 않는다."는 누군가에게 언제나 당당히 말할 수 있고 모든 사람들이 인정하는 객관적 사실이 아니라 그렇게 믿고 싶은 자신만의 착각이다.

착각은 사람을 긍정적인 마인드로 만들어주는 이점이 있는 반면, 자신의 생각과 다른 상황에 직면할 때 돌이킬 수 없는 피해를 안겨주기도 한다. 그런 상황 속에서 자신이 할 수 있는 일은 자신의 착각을 인정하는 것뿐이다. 착각은 자유지만, 삶은 한번뿐임을 절대 잊어서는 안 된다.

경찰에 신고하면 된다?
범죄자가 나를 공격하는 힘의 강도와 빠르기, 시간을 수치로 따지면 얼마나 될까? 범죄자의 공격을 인지한 후 경찰에 신고하고 경찰관이 현장에 도착하는 데 소요되는 시간은 얼마나 될까?

범죄자의 공격속도와 경찰관의 출동시간을 비교하면 바로 답이 나올 것이다. 범죄자의 공격속도는 경찰관의 출동시간보다 항상 빠를 수밖에 없다. 굳이 시간적으로 비교하지 않더라도 이점은 모두 인정할 것이다.

경제적 여유가 있어 매일 개인 경호원과 같이 다니면 모를까, 대부분의 일반인들은 가족이나 직장 동료들과 함께있는 시간을 제외하곤 혼자 생활한다. 따라서 범죄 상황에 직면했을 때, 상황을 해결할 사람은 '범죄자' 아니면 '나'뿐일 수밖에 없다주변에 다른 사람들이 있어 도움이라도 받을 수 있다면 다행이다. 불행히도 상황은 범죄자가 스스로 해결해주지 않을 뿐더러 경찰에 신고할 만큼의 여유 또한 범죄자는 절대 제공하지 않는다.

이렇듯 자기방어는 상황이 닥친 후부터 생각하고 대응해서는 해결되지 않는다. 준비되어 있지 않으면 자기방어가 필요한 상황에서 대부분 놀람과 당황으로 인해 터널시야Tunnel Vision에 빠지기 쉽

터널시야   여섯 번째 감각

다. 터널시야는 마치 터널을 바라보는 것과 같이 시야가 한 곳에만 집중되어 주변의 사물들이 시야에서 사라지는 현상을 말한다.

자기방어가 필요한 상황에서 터널시야에 빠지면 대응준비가 되어 있지 않은 상황에서 몰아치는 상대의 공격에만 시선이 집중되어 다른 부분에 대한 인식과 판단이 어려워져서 서툰 결정을 할 수밖에 없게 된다. 평소 자기방어에 대한 학습이나 노력이 부족할수록 터널시야에 빠질 확률은 높아진다.

앞서 했던 질문을 다시 해보겠다.

"혹시 자신을 방어하는 방법에 대해 알고 계십니까?"

필자의 글을 읽고도 "나에게는 이런 일이 일어나지 않을 거야.",

"경찰에 신고하면 되죠."라는 답변을 또 하는 사람은 없을 거라고 생각한다.

그럼 자신에게는 절대 일어나지 않을 거라고 굳게 믿고 있었던 일들이 발생하여 경찰에 신고도 할 수 없는 상황에 처한다면 어떤 준비해야 할까?

자기방어를 위한 가장 좋은 준비는 첫째 그런 상황을 예방하는 생활습관을 가지는 것이고, 둘째 현장에서 벗어나는 법을 아는 것이고, 셋째 상대와 대응하는 법을 아는 것이다.

필자가 제시한 세 가지 사항에 대한 준비가 자기방어를 위한 여섯 번째 감각을 길러주는 방법이다. 평소 준비되어 있는 여섯 번째 감각이 자신의 눈앞에 벌어진 상황을 해결하는 데 도움을 줄 것이다.

자기방어에 대한 왕도王道는 없다. 이런 방법이 반복되고 습관이 되어야 감각적인 대응이 가능해지고, 자신의 생존확률 또한 높아진다.

날로 지능화되고 흉악해져가는 범죄자의 공격에 오감만으로 대응하는 것은 확률적인 생존 결과를 기대해야 하는 위험한 사고방식일 뿐이다. 능숙하지는 않지만 자기방어에 대한 기본적인 이해가 있고 없고의 차이가 삶과 죽음의 경계에서 자신의 생존을 좌우하는 소중한 생명줄이 될 것이다. 따라서 자기방어를 위한 여섯 번째 감각을 갖출 것을 필자는 강력히 주장한다.

"삶은 도박이 아니다.
무의미한 확률에
자신의 생존을 맡겨서는 안 된다."

호신술이란

　호신술은 누구나 한번쯤은 들어봤을 친근한 단어이다. 글자 그대로 해석하면 자신의 몸을 보호하기 위한 기술, 즉 자기방어 기술이다. 호신술하면 영화 속 액션이나 각종 시범처럼 화려한 테크닉을 상상하는 사람이 많을 것이다.

　현재 각 종목이나 대중매체를 통해 알려진 호신술이라는 이름의 테크닉은 단순한 동작에서부터 복잡한 동작에 이르기까지 그 종류를 다 나열할 수도 없을 만큼 다양하다. 다양한 만큼 선택의 폭이 넓어 자칫 호신술에 대한 본질을 잊어버릴까 개인적으로 걱정될 정도이다.

　우리가 평소 알고 있는 호신술이란 무엇일까? 단순히 내 몸을 보호하기 위한 기술이라고만 알고 있으면 될까? 그동안 알고 있던 혹은 살면서 한번쯤 들어봤을 호신술에 대한 개념부터 차근차근 알아보도록 하자.

　우리가 흔히 알고 있는 호신술은 특정 종목과 특정 테크닉을 지칭하는 용어가 아니다. 각 종목마다 종목의 특성에 맞는 테크닉이 호신술로 정의되고 있고, 법집행관들에게는 공무집행에 필요한 체포술·제압술이란 이름으로 정의되고 있다.

　우리나라의 법률은 호신술을 어떻게 정의하고 있는지 알아보자.

【형법】

제20조(정당행위)

법령에 의한 행위 또는 업무로 인한 행위, 기타 사회상규에 위배되지 아니하는 행위는 벌하지 아니한다.

제21조(정당방위)

① 자기 또는 타인의 법익에 대한 현재의 부당한 침해를 방위하기 위한 행위는 상당한 이유가 있는 때에는 벌하지 아니한다.
② 방위행위가 그 정도를 초과한 때에는 정황에 의하여 그 형을 감경 또는 면제할 수 있다.
③ 전항의 경우에 그 행위가 야간 기타 불안스러운 상태하에서 공포, 경악, 흥분 또는 당황으로 인한 때에는 벌하지 아니한다.

우리나라의 법률에는 "호신술은 어떤 행위이고 어떤 방식으로 법적 적용이 된다."와 같이 호신술을 명시한 조항은 없다.

그런데 호신술과 관련하여 일반인의 입장에서 가장 관심을 가져야 할 부분이 형법 제21조의 정당방위이다. 자신의 신체를 보호하기 위한 호신술에 대해 가장 잘 설명하고 있는 조항이기 때문이다. 해당 조항을 자세히 살펴보면 호신술이 어떤 것이어야 하는지 자기방어의 지침이 될 수 있다.

자기 또는 타인의 법익

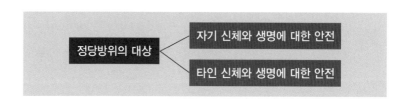

어떤 행위가 정당방위에 해당되기 위한 법익의 범위는 자기 또는 타인이다. 여기서 법익法益이란 법률에 의해 보호되는 이익이나 가치를 뜻한다. 즉 타인의 공격에 맞선 자기방어 행위에서의 법익은 자기 신체와 생명에 대한 안전이라 할 수 있다. 그리고 타인을 위험으로부터 구해 주기 위한 자신의 행위 또한 법률에 의해 보호되는 행위이다. 즉 자신에 대한 위험은 물론이고, 타인에 대한 위험도 법에서 보호하는 방어행위의 대상이다.

현재의 부당한 침해

정당방위가 되기 위해서는 상대의 행위가 '현재'라는 조건과 '부당한 침해'라는 조건을 모두 만족시켜야 한다. '현재'라는 것은 상대의 공격행위가 시작되려고 하거나 진행 중인 급박한 상태를 말한다. 아무런 위험이 없었거나 공격행위가 종료된 이후에 상대에게 다가가 호신술과 같은 행위를 하는 것은 침해의 현재성이 인정되지 않아 정당방위가 성립하지 않는다.

'부당한 침해'란 누가 보더라고 객관적으로 위법한 행위를 말한다. 원칙적으로 싸움행위 유발자가 상대방 행위에 대응하기 위한 행위는 정당방위에 해당되지 않는다. 예외적으로 싸움의 경우에도 상대가 맨손으로 싸우다 갑자기 칼을 들고 공격하는 행위처럼 상황에 따라 정당방위가 성립될 때도 있다.

하지만 침해행위의 부당성은 순수 피해자의 입장에서 상대방의 행위가 객관적으로 부당하다고 판단되어야 한다. 단지 자신의 감정상 부당하게 느껴져서 대응행위를 했다는 것은 법에서 정당방위로 받아들이기가 힘들다.

방위하기 위한 행위

'방위하기 위한 행위'란 공격해 오는 상대의 주먹이나 발을 막는 것과 같은 '순수한 방어행위'뿐 아니라, 폭행하는 상대를 제압하기 위해 바닥에 메치는 행위와 같은 '공격행위'도 포함한다. 순수한 방위행위만으로는 상황이 정리되지 않는 경우가 많아 부득이 적극적인 공격행위가 필요할 수 있으나 그 정도를 초과한 방위행위는 과잉방위에 해당되므로 주의가 요구된다.

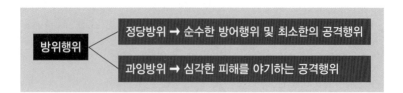

단순히 나의 멱살을 잡았다고 상대를 바닥에 메쳐 주먹과 발로 계속 공격하는 행위는 종합격투기와 같은 격투 스포츠에서만 허용될 뿐 형법에서 말하고 있는 정당방위가 아니다.

상당한 이유가 있을 때

상당하다는 말은 정당방위가 필요하고 요구된다는 말과 의미가 같다. 정당방위가 필요하지 않는 상황이라면 자기방어를 할 상당한 이유가 없는 것이다. 이런 상당한 이유에 대한 판단기준은 현장 상황에 따라 개인이 판단해야 할 부분이다.

법원에서는 나의 방어행위가 상대의 침해행위에 대응하여 상대에게 최소한의 손상damage을 입히는 적합한 수단과 방법으로 행해졌을 때 사회적으로 상당한 이유가 있다고 인정하고 있다.

상대가 칼을 들었다고 내가 망치를 들고 상대의 머리를 내리치는 것은 상당한 이유가 있다고 판단하기 힘들다. 따라서 상대의 침해행위에 대응한 나의 행위는 정당방위가 필요한 상황에서 그 수단과 방법이 적합할 때 정당방위로 인정받을 수 있다.

벌하지 아니 한다

나의 방위행위 중 특히 공격행위는 법적으로 따지면 상대방에 대한 폭행행위에 해당한다. 상대를 꺾고 조르고 발로 사타구니를 차는 등 형법상 폭행죄의 구성요건에는 해당하지만, 나의 행위가 상대의 부당한 침해행위에 대응하기 위한 정당방위로 인정되어 위법성이 없다고 판단되면 폭행죄로 벌하지 아니 하는 것이다.

그런데 폭행죄와 정당방위의 경계선은 명확하지 않기 때문에 상황에 따라 나의 행위가 상당성의 정도를 넘었을 때 그 책임을 져야 하는 경우도 있다.

> 싸움 중에 이루어진 가해행위가 정당방위 또는 과잉방위행위에 해당할 수 있는지 여부
>
> 가해자의 행위가 피해자의 부당한 공격을 방위하기 위한 것이라기보다는 서로 공격할 의사로 싸우다가 먼저 공격을 받고 이에 대항하여 가해하게 된 것이라고 봄이 상당한 경우, 그 가해행위는 방어행위인 동시에 공격행위의 성격을 가지므로 정당방위 또는 과잉방위행위라고 볼 수 없다. … 이하 생략
>
> (대법원 2000. 3. 28. 선고 2000도228 판결)

이제까지 정당방위에 관한 형법상의 내용을 항목별로 설명하였다. 위 5가지 항목을 통해 호신술의 개념을 어느 정도 이해하게 되

었을 것이다. 호신술을 막연히 나를 보호하는 기술이라고 아는 것
보다 내가 어떤 행동을 어떻게 해야 하는지 구체적으로 아는 것이
상황해결을 위해 꼭 필요하다. 이상의 호신술 개념은 사람에 의해
발생되는 위험에 한정된 좁은 의미의 개념이다.

그러나 필자가 생각하는 호신술의 개념과 범위는 단순히 상대
를 잡고 꺾고 조르는 방법뿐만이 아닌 화재나 건물붕괴 시 비상탈
출방법, 심폐소생술CPR을 비롯한 응급처치 방법, 육해공陸海空을 넘
나드는 생존기법 등이다. 사람에 의한 위험으로부터 살아났더라도
다른 요인에 의한 비상상황에서 살아남지 못했다면, 결국 자기 몸
을 보호하지 못한 호신술을 익힌 것에 불과하기 때문이다.

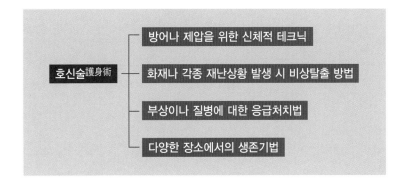

호신술의 개념을 넓은 의미로 봐야 하는 이유는 다음과 같다.
자신의 안전을 위협하는 상황의 주체가 굳이 사람에 한정되는 것

이 아니라 화재·건물붕괴·각종 안전사고 등 외부적인 요인과 부상·감염 등 내부적인 요인으로 인한 상황 역시 자신의 안전을 언제든 위협할 수 있기 때문이다.

세상 일은 자기가 원하는 긍정적인 결과만 항상 있는 것은 아니다. 자신의 의지와 상관없는 일들이 벌어지고, 그런 상황에서 생존의 몫은 스스로 해결해야 하는 경우가 대부분이다. 다양한 위험상황에 대비하여 각종 요인에 대한 대응방법을 알아두는 것도 자신의 몸을 지키기 위한 호신술^{넓은 의미}이라고 필자는 생각한다.

그러나 이 책에서는 사람에 의하여 발생되는 위험을 다루는 좁은 의미의 호신술을 중점적으로 다루기로 한다.

호신술의 유형

호신술의 유형이란 제목만 보면 "호신술의 유형에는 타격기^{때리}
^{거나 치는 기술}, 꺾기, 조르기, 누르기 등이 있다."고 말할 수도 있을
것이다. 그런데 필자는 테크닉의 종류를 말하려는 것이 아니다.

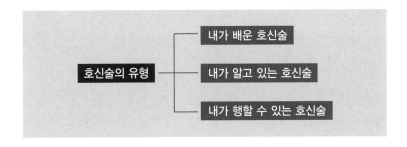

우리가 호신술을 배우는 이유는 자신의 신체와 생명의 안전을
위협하는 비상상황 발생 시 호신술을 잘 사용하기 위해서이다. 호
신술을 잘 사용하기 위해서는 호신술에 대해 잘 알고 있어야 한다.
호신술에 대해 잘 알고 있기 위해서는 열의를 가지고 잘 배워야 한
다. 호신술의 배움에서 행함으로 이어지는 연결고리가 끊어져 있
으면 내가 배운 호신술은 아쉽게도 실제 행할 수 없는 호신술이 될
수밖에 없다.

| 배움 | ➡ | 앎 | ➡ | 행行 |

　호신술 교육에 참석하여 호신술을 배웠지만 교육장을 벗어나면 잊어버리는 것이 '내가 배운 호신술'이다. 내가 배운 호신술이 시간이 흐를수록 기억이 나지 않는 건 이벤트성 단기기억처럼 당연한 현상이다. 기억이 가물가물하기에 현장에서 행할 수 없음은 말할 것도 없다.

　'내가 알고 있는 호신술'은 교육을 통한 습득과 관련 정보나 지식을 갖춤으로써 호신술에 대한 사고의 폭은 넓어졌으나 경험과 연습 부족으로 실제 행할 수 없는 호신술을 말한다. 호신술을 실제 행하기 위해서는 앎으로만 그쳐서 안 되고, 반복 연습하여 언제든 사용할 수 있게 체득화해야 한다.

　'내가 행할 수 있는 호신술'은 가장 이상적인 유형의 호신술로 자기방어를 위해 반드시 추구해야 할 유형이다. 배움과 앎을 실제 행하여 자신의 몸에 각인시켰기에 현장에서의 움직임은 그만큼 자연스러울 수밖에 없다.

　호신술에 대한 배움과 앎, 행함의 차이는 관심과 노력의 차이이다. 호신술을 행한다는 것은 특별한 사람만이 하는 일이 아닌 누구든 할 수 있는 일이다. 자신의 소중한 돈을 투자하여 이 책을 선택했고, 지금 이 글을 읽고 있는 것만으로도 호신술에 대한 관심과 노력을 기울이고 있다고 필자는 생각한다. 이제 배움을 시작했으니 여기에서 멈추지 말고 앎과 행함으로 이어질 수 있도록 계속 앞으로 나아가길 바란다.

"끝없이 의문을 가지면 결국 그 답을 찾게 된다."

현대적 의미의 호신술

"호신술이 뭔가요?"하고 질문을 던지면 대부분의 사람들은 잡고 꺾는 시늉을 한다. 단순히 손목을 잡혔을 때, 멱살을 잡혔을 때와 같은 특정 상황을 가정한 호신술은 '1+1=2'와 같은 하나의 공식에 불과하다. 공식에 적합한 환경이 주어지지 않는다면 그동안 연습했던 노력은 자신에게 아무런 도움이 되지 않는 시간 낭비에 불과하다. 복잡한 현대사회를 살아가는 우리에겐 이러한 단순 공식의 암기보다는 상황에 대한 문제 해결능력이 반드시 필요하다.

예를 들어 자신의 앞에 칼을 든 상대방이 서 있다고 가정하자. 이때 상대방으로 하여금 단순히 자신이 연습한 공식대로 찔러 주기를 기다리는 게 현명한 방법일까? 아니면 자신의 운運에 모든 걸 맡긴 채 결과를 기다릴 것인가?

이에 대한 명확한 해결책이 순간 떠오르지 않는다면 과연 이 상황에서 자신의 생존확률은 얼마나 될까?

다시 칼을 든 상대방과 마주한 상황으로 돌아가보자. 이때에는 다음과 같은 수많은 질문에 대한 판단이 뇌에서, 그리고 신체적 반응이 몸에서 전광석화電光石火와 같이 진행되지 않는다면 자신의 생존확률은 그리 높지 않을 것이다.

- 내가 위치한 환경은 어떤 곳인가?
- 도망을 갈 수 있는 공간이 있는가?
- 도망을 간다면 어디가 안전할 것인가?
- 도움을 요청할 사람은 있는가?
- 칼을 든 상대방에 대응하기 위해 자신이 가진 도구나 주위에서 이용할 수 있는 도구는 무엇인가?
- 아니면 맨손으로 어떻게 움직일 것인가?
- 도구를 사용한다면 법적 정당성이 보장되는 방법은 어디까지인가?

이와 같은 수많은 질문에 대한 답을 칼부림이 일어나는 현장에서 찾아서는 안 된다. 평소 그와 관련된 생각을 해보고 반복연습이 되어야 상황 발생 시 조건반사적으로 행동하게 된다. 언제나 범죄자의 행동action보다 대응하는 우리들의 반응reaction이 느릴 수밖에 없기에 상황 해결능력 향상을 위한 정신적·신체적 준비가 반드시 선행되어 있어야 한다.

현장은 평면적인 2차원 환경이 아니라 입체적인 3차원 환경이다. 이런 공간 속에서 발생되는 각종 상황에 대한 해결능력이 현대사회에서 요구되고 있는 자기방어 기술, 즉 현대적 의미의 호신술이다. 태권도, 유도, 합기도, 검도 등의 무도 수련을 통한 테크닉 습득도 중요하지만, 그러한 테크닉을 사용하는 환경에 대한 고려가 우선되어야 테크닉이 빛을 발하지 않을까?

환경에 대한 이해가 우선되어야 실전에 대한 올바른 인식을 할 수 있고, 그런 올바른 인식이 상황 발생 시 행동으로 이어진다. 따라서 현대적 의미의 호신술은 단순히 기존 무도의 특정 테크닉을 말하는 것이 아니라, 자신이 처한 환경에 대한 이해를 기반으로 한 상황 해결능력이라는 좀 더 현실적인 자기방어 체계이다.

필자는 현대적 의미의 호신술을 「전술적 자기방어」라고 생각한다. 단편적인 테크닉의 암기가 아닌 현실적인 접근을 위해 기존의 '호신술'이라는 단어보다 '자기방어'라는 단어를 선택했고, 좀 더 효율적인 자기방어 방법을 제시하기 위해 '전술적'이라는 문구를 추가하였다.

호신술護身術
몸을 보호하기 위한 무술

자기방어自己防禦
외부의 공격으로부터 자신을 보호하려는 태도나 행위

출처 : NAVER 국어사전

일반인들의 입장에서는 기존의 호신술이라는 단어가 좀 더 친근할 것이다. 그런데 테크닉보다 중요한 게 상황 해결능력이라는 것이 필자의 지론持論이기에 지금부터는 '호신술'이라는 단어대신 '자기방어'라는 단어를 사용하여 책의 내용을 이끌어가고자 하니 내용을 이해할 때 참고하길 바란다.

"자기방어의 현실은 예측 불가능이다.
상황은 주어지나 그 결과는 누구도 알 수 없다.
불확실하기에 정답을 찾으려고 해서는 안 된다.
다만 확률이 높은 쪽으로 움직일 필요가 있다."

2

―――

전술적 자기방어란 무엇인가

전술적 자기방어의 개념

힘에 의한 대응 VS 전술적 대응

힘에 의한 대응은 일반인이라면 누구나 쉽게 하는 대응법이다. 자신의 체격과 근력을 바탕으로 상황을 해결하므로 공격자의 힘이 약할수록 대응은 쉬워지겠지만, 자신보다 힘이 더 센 사람체격이 크거나 흉기를 들고 있는 경우을 만나면 대응이 어려워지는 단점이 있다.

이에 반해 전술적 대응은 자신의 한정된 능력을 전술적으로 사용하여 그 효과를 극대화하는 움직임이다. 힘에 의한 대응이 인간의 본능에 근거한 원초적 행동이라면, 전술적 대응은 합리적 사고를 통한 이성적 행동이라 할 수 있다.

전술
전술, 병법, 작전행동, 술책, 책략

전술적 대응, 즉 자기방어에 필요한 전술적 움직임에 대해 자세히 알아보도록 하자.

전술tactics이란 말은 군대를 다녀왔거나 현역들은 이해하겠지만, 일반인들에게는 생소한 단어이다. 그러나 꼭 군대가 아니더라도 실제 많은 일들이 전술적으로 이루어지고 있다.

군사적인 분야 외에도 운동경기나 사업·정치·인간관계에서도 자신이 목적한 바를 이루기 위한 전술이 필요하다. 전술은 남들이 예측하기 어려운 자기만의 수단과 방법이라 할 수 있다.

누구나 예측할 수 있는 수단과 방법으로 문제 해결을 위해 접근한다면 그 결과는 당연히 힘세고 목소리 큰 사람이 승리하지 않겠는가? 그런데 모든 승부가 예측하기 힘든 이유는 자신이 가진 능력 외에 외부로 공개되지 않은 전술이 존재하기 때문이다.

상대가 나를 인식할 수 있는 부분이 신체조건·언행·습관 등 외부적인 정보라고 한다면, 전술은 상대에게 공개되지 않아서 상대가 알 수 없는 내부적인 정보라고 할 수 있다. 이 내부적인 정보를 몰라서 상대방은 잘못 예측한 탓에 무너지고, 그로 인해 승패가 갈린다.

실제 기량이 비슷한 두 선수가 시합을 하면 그 승부는 대부분 테크닉이 아닌 전술에서 판가름 나는 점대부분의 선수는 시합 전 상대 선수의 경기 영상 분석 등을 통하여 자신의 움직임을 계획한다을 보더라도 전술의 중요성을 알 수 있다.

"축구는 머리로 하라. 발은 단지 도와주는 역할일 뿐이다."

– Johan Cruyff요한 크루이프 –

"병법은 기만전술이다."

– 손자병법 –

자기방어 역시 전술적이어야 한다. 힘에 의한 원초적 행동이 어려운 사람일수록 전술을 이용하여 힘의 불균형을 해결해야 한다. 필자의 경험으로 판단하건대, 자기방어를 위해 어떤 방법을 선택하든 그건 개인의 자유이지만 그 방법이 상황을 100% 해결해주지는 않는다. 즉 천하무적의 만능키와 같은 방법은 어디에도 존재하지 않는다. 다만 상황을 해결할 수 있는 확률 또는 자신의 생존확률을 높이는 쪽으로 움직일 필요가 있는데, 그 확률을 높여주는 역할을 하는 것이 바로 전술이다.

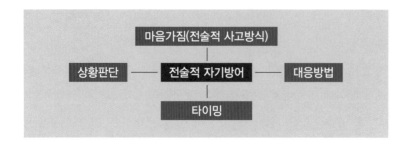

전술적 자기방어는 단순히 호신護身에 관한 테크닉 암기 차원이 아닌 마음가짐전술적 사고방식, 상황판단, 타이밍, 대응방법의 4가지 필수요소로 구성된 자기방어 체계이다. 전술적 사고방식을 바탕으로 행동의 틀을 마련하고 상황판단과 타이밍, 대응방법의 적절한 조화를 통해 전술적 움직임이 나오게 된다.

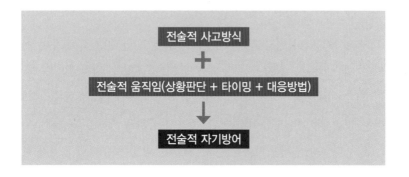

그동안 많은 사람들이 테크닉 습득만이 최고의 방어라고 여기며 자신의 몸을 혹사시켜왔다. 그런데 상황 해결을 위한 결정적인 키

key는 일상생활 속에서 발생되는 각종 상황에 대처하는 우리의 사고 방식이다.

이처럼 전술적 사고방식과 전술적 움직임의 연결이 곧 전술적 자기방어이다. 그러나 사고와 움직임의 연결이 깨지거나 어느 하나에 편중되어 있다면 그것은 전술적 자기방어가 아니다.

"전술이란 절대 어려운 것이 아니다.

조금만 관심을 가지면

누구든지 행할 수 있는 것이 전술이다."

전술적 사고방식

두려움과 스트레스

두려움fear은 현장에서 느끼는 첫 번째 감정이다.

> "두려움은 너를 죄수로 가두고,
> 희망은 너를 자유롭게 하리라!"
>
> – 영화 『쇼생크탈출』 대사 中 –

우리는 일상생활에서 두려움의 감정을 흔히 느끼며 살아간다. 실패에 대한 두려움, 질병 치료에 대한 두려움, 승부에 대한 두려움, 실수에 대한 두려움, 투자에 대한 두려움, 남녀관계에 대한 두려움, 죽음에 대한 두려움 등.

두려움의 대상이나 이유 역시 다양하다. 두려움으로 인해 자신이 하고자 하는 행위를 포기하기도 하고, 두려움을 극복하고 행동으로 옮기는 용기를 보여주기도 한다.

우리에게 두려움의 대상이 되는 것은 과거의 경험이 될 수도 있고, 낯선 상황이 될 수도 있다. 예를 들어 과거에 물에 빠져 고생한 경험이 있는 사람에게 물은 두려움의 대상이다. 그리고 태어나서

물에 처음 들어가려는 사람은 물이라는 느낌을 모르기 때문에 물은 두려움의 대상이다.

대상에 대한 두려움의 감정이 감당할 수 있는 수준을 넘으면 심리적 압박을 동반한 스트레스 상태에 놓여 결국 행위의 제한을 받는다.

어떤 상황 앞에 아무 감정없이 평상심平常心을 유지할 수 있으면 좋겠지만, 자신이 처한 상황에 익숙한 정상급 선수들에게도 두려움은 늘 존재한다. 다만 지금 느끼는 두려움의 감정을 어떻게 컨트롤control하는지에 따라서 결과가 다르게 나타난다.

다음 그래프는 1908년 미국의 심리학자 로버트 여키스Robert M. Yerkes와 존 딜링햄 도슨John Dillingham Dodson에 의해 밝혀진 여키스-도슨 법칙Yerkes-Dodson Law이다. 그래프의 역U자 곡선에서 볼 수 있듯이 스트레스 수준stress level이 높아지면 특정 시점까지는 수행력이 향상되지만, 그 시점을 넘어가면 오히려 수행력performance이 떨어진다.

지금 내가 느끼는 두려움의 정도가 적당한 긴장감을 불러올 정

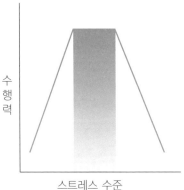

수
행
력

스트레스 수준

도의 스트레스라면 체내에서 분비되는 아드레날린^{adrenalin}이나 코
티솔^{cortisol} 등과 같은 호르몬의 긍정적인 영향을 받아 외부 자극에
맞설 수 있는 신체 시스템, 즉 대응행위와 도망가는 행위와 같은
적극적 반응을 일으킨다. 일상 모드에서 나의 생존을 위해 최대의
에너지를 만들어낼 수 있는 전투 모드로 바뀌는 것이다.

하지만 물을 무서워하는 사람처럼 두려움의 정도가 과하면 내가
감당할 수 있는 수준을 넘어선 부정적 스트레스 반응이 일어난다.
급격히 상승된 혈압과 심박수만큼 호흡은 거칠어지고, 명확한 판
단이나 사고·집중이 불가능할 정도로 두려움 자체가 위험요소로
작용한다.

자기방어가 필요한 상황도 우리에겐 익숙한 환경이 아닌 두려움
의 대상이다. 과거에 비슷한 경험을 한 적이 있다면 두려움의 정도

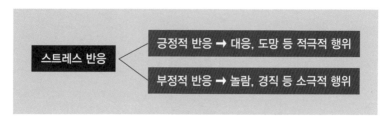

가 더할 것이다. 눈앞에서 상대가 칼을 들고 있는데 평상심을 유지한 채 상대의 공격을 기다리는 사람은 거의 없다.

두려움은 누구에게나 존재한다. 그러나 두려움이 가져다주는 스트레스에 어떻게 반응하는지는 사람마다 다르다. 두려움에 압도되어 무엇을 어떻게 해야 할지 모르는 것이 일반인들의 정상적인 반응인데, 이를 보고 흔히 '얼어붙는다인간의 뇌가 위험의 강도나 최적의 행동을 결정하는 데 걸리는 시간에 따라 얼어붙는 시간은 그만큼 길어진다'고 표현한다.

두려움 앞에서 얼어붙는 이유는 상황 해결을 위한 학습 및 훈련 부족, 자신감 부족, 지나친 공포 반응 때문이다. 스트레스 상황에서 지나치게 두려워하고 민감하게 대응하면 오히려 상황 해결에 역효과가 날 수밖에 없다. 평소 갈고 닦았던 멋진 테크닉도 신체가 말을 듣지 않는 스트레스 상황에서는 그 진가를 발휘하기 어렵다.

스스로 두려움을 컨트롤해서 스트레스 상황을 극복하기 위해서는 이와 관련된 학습과 훈련뿐만 아니라 현장에서의 자신감 또한 꼭 필요하다. 군인이나 경찰관들이 평소 훈련을 하는 이유 중의 하

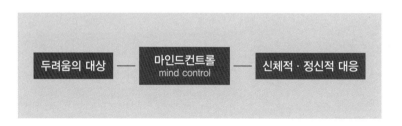

나가 스트레스 상황에서 원활하게 임무를 수행하기 위해서이다. 잘 훈련된 사람일수록 스트레스 상황에서 반응하는 시간이 짧아지고, 그만큼 효율적으로 대응할 수 있다.

두려움을 피하면 그다음 두려운 상황이 왔을 때 또 무섭고 두렵게 느껴진다. 이는 단순히 겁이 많아서라기보다는 인간의 본능이다. 그러나 본능에만 충실하면 범죄자의 표적이 되어 자신의 안전을 위협받을 수도 있다.

두려움을 피하기보다 적극적이고 유연한 자세로 현재 상황에 집중하는 것이 꼭 필요하다. 당신의 눈앞에 있는 두려움은 얼마든지 극복해야 할 대상이기에 무서워해서는 안 된다.

"현장의 두려움은
당연한 것이자 극복해야 할 대상이다.
두려움에 사로잡히면
자기방어는 그걸로 끝난 것이나 다름없다."

마음가짐의 변화

두려움과 스트레스도 결국 머릿속 뇌의 작용이다. 뇌가 가지는
기능과 구조의 특성상 노력만 있다면 얼마든지 변화할 수 있다. 스
스로 두려움과 스트레스에 빠지면 상대에게 압도당할 수밖에 없
다. 반드시 마음을 먼저 움직여야 몸이 움직인다.

여기에서는 현장의 두려움과 스트레스를 극복하고 상황을 주도
하기 위한 자기방어의 첫 번째 단추인 마음가짐에 대해 말하고자
한다.

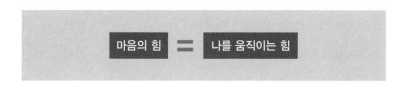

"모든 일은 마음먹기에 달려 있다." 즉 아무리 좋은 정책과 제
도·방법이 있더라도 마음이 움직이지 않는다면 소용이 없다. 육체
를 움직이는 것은 결국 사람의 마음이기에 좋은 선생과 좋은 교재가
옆에 있더라도 생존을 위한 마음가짐이 없으면 무의미한 시간 낭비
에 불과하다.

"자기방어? 세상사世上事 걱정할 것도 많은데 그런 걱정까지 하
고 어떻게 살아. 현재 아무 문제없이 잘 지내고 있으니 앞으로도

문제가 없겠지."

이와 같은 마음이 당신을 지배하고 있다면 자기방어에 대한 교육은 무의미하다. 사람의 기억이란 큰 자극을 받은 사건이나 반복된 학습이 축적된 것이 아닌 이상 그리 오래 가지 않는다. 어쩌다 한 번 자기방어에 관심을 가지고 노력하는 것만으로는 절대 원하는 바를 이룰 수 없다. 이는 노력한 자에게 긍정의 결과가 오는 자연의 당연한 이치이다.

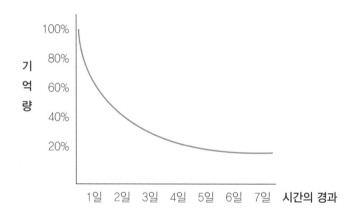

위 그림은 독일의 심리학자 헤르만 에빙하우스Hermann Ebbinghaus 박사의 망각곡선이다. 그의 연구에 의하면 인간의 학습기억은 10분이 지나는 시점부터 망각이 시작되어 하루가 지나면 반 이상을 잊

어버린다고 한다. 망각곡선이 우리에게 주는 시사점은 인간 기억의 한계가 아니라 학습 후에 이루어지는 반복학습의 중요성이다.

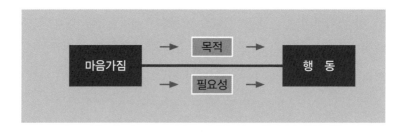

따라서 우리는 자기방어에 관심을 갖고 이런 관심이 반복되도록 노력해야 한다. 그 시작이 바로 마음이다. 마음가짐으로부터 자기 방어의 목적과 필요성이 나오고, 그런 내적 동기가 행동으로 이어진다.

우리가 평소 인근 체육관이나 헬스장을 찾는 이유는 체력단련, 대회입상, 건강관리 등 각자의 목적과 필요 때문이다. 즉 자신의 마음가짐에서 비롯된 행동의 결과이다. 마음가짐에서 비롯된 목적과 필요성이 없으면 체육관이나 헬스장에서 하는 나의 행동은 수동적일 수밖에 없다. 이 경우에는 그냥 관장이나 코치가 시키는 것만 하며 시간만 보내다 집으로 오게 된다. 그런 사람에게 돈 낭비, 시간 낭비 외에 어떤 변화를 기대할 수 있을까?

자기방어 또한 평상시와 같은 안일한 마음가짐을 가져서는 절대 행동으로 이어지지 않는다. 자신의 생존을 위한 목적, 자기방어의 필요성 등 상황 해결에 대한 마음가짐을 평소에 가져야 한다. 즉 자기방어에 대한 수동적 사고에서 벗어나 적극적 사고로 변화되어 야 사고思考의 폭이 넓어지고, 그에 따른 행동의 폭 또한 넓어진다.

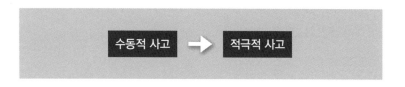

수동적 사고와 적극적 사고에 대한 예를 들어보겠다. 내 앞에 자전거가 한 대 있다고 가정하자. 평소 자전거에 관심이 없고 기회 가 있을 때만 한 번씩 타보는 사람은 자전거에 대해 수동적 사고를 할 것이다. 이런 사람은 자전거를 타는 방법에 대한 경험만 할 뿐 자전거와 관련된 더 이상의 발전은 기대하기 어렵다.

이와 달리 자전거에 대해 적극적 사고를 하는 사람은 어떨까? 일단 자신 앞에 놓인 자전거를 꼼꼼히 살펴볼 것이다. 그리고 자전 거를 타는 방법뿐만 아니라 자전거와 관련된 법규, 정책, 정비방 법, 사고 시 조치요령 등 자전거와 관련된 사고의 폭을 넓히려고 한다. 사고의 폭이 넓어지면 자전거에 대해 아는 만큼 행동의 폭

또한 넓어지는 결과로 이어진다.

수동적 사고에 익숙한 사람은 적극적 사고로의 변화가 조금은 낯설고 변화의 필요성을 느끼지 못하는데, 이것은 사람이기에 당연한 감정이다. 사람의 뇌는 생각보다 변화를 싫어하는 특성을 가지고 있으므로 긍정의 감정을 지속적으로 뇌에 인식시켜주어야 한다. 그래야 뇌가 외부의 자극을 긍정의 감정으로 받아들여 이를 반복함으로써 습관이 된다. 소극적 사고에서 적극적 사고로의 변화, 즉 마음가짐의 변화가 자기방어의 첫 번째 단계이다.

전술적 사고

자기방어에 대해 적극적 사고가 가능한 단계에 이르렀다면 그 사고방식을 실제 적용해보는 단계가 전술적 사고이다. 즉 적극적 사고를 통해 습득한 정보와 지식을 각 상황에 맞게 적용함으로써 정보의 선택적 활용이 가능한 단계를 말한다.

수동적 사고 ➡ 적극적 사고 ➡ 전술적 사고

다시 자전거를 예로 들어본다. 자전거와 관련된 적극적 사고로 많은 양의 정보와 지식을 보유하고 있는 사람이 있다고 가정하자.

그 사람이 자전거를 타고가다 외나무다리를 만났다. 다리 밑에는 물이 흐르고 있고 수심은 자신의 신장보다 깊어 보인다.

외나무다리를 건너 다음 목적지로 가야 할 상황이라면, '자전거를 끌고 갈 것인가, 타고 갈 것인가, 들고 갈 것인가', '중심을 잃어 물에 빠지면 어떤 동작부터 해야 하는가', '주위에 활용할 도구들은 무엇이 있는가' 등의 전술적 사고가 가능하다. 이러한 전술적 사고는 아직 일어나지 않은 상황을 대상으로 자신의 정보와 지식을 활용하여 움직임을 미리 예상해봄으로써 실제상황 발생 시 두려움을 최소화하고 효율적으로 움직일 수 있게 한다.

필자는 평소 대중교통을 즐겨 이용하는데, 그때마다 비상탈출을 위한 도구가 어디에 있는지, 화재 대응을 위한 도구는 어디에 있는지, 별도의 비상탈출구가 있는지 등을 먼저 파악한다. 나에게 아직 발생하지 않은 상황이지만 전술적 움직임을 위한 마음가짐, 즉 전술적 사고에서 비롯된 행동이다. 이것은 사고가 발생하지 않으면 쓸데없는 생각일 수도 있다. 그러나 사고가 발생하면 나의 움직임은 그에 대비한 정신적 준비가 되어 있지 않은 사람들보다 효율적일 수밖에 없다. 바로 이것이 전술적 사고방식이다.

자기방어를 위한 마음가짐은 적극적 사고를 넘어 전술적 사고로 이어져 실제 활용이 가능한 상태가 되어야 한다. 이런 전술적 사고를 생활화하여 자신의 뇌에서 거부반응이 없어야 최상의 결과를 기대할 수 있다. 전술적으로 생각한다는 것은 남에게 피해를 주는 행위가 아니다. 끊임없이 생각하고 판단해야 하는 자신의 뇌가 좀 불편해 할 수 있지만, 습관이 되면 숨을 쉬는 것처럼 당연한 일상이 된다.

자기방어를 위해서 테크닉을 외우고 연습하는 것도 중요하지만, 그러한 테크닉을 잘 활용하기 위한 전술적 사고방식이 자기방어의 핵심이다. 왜냐하면 전술적 사고방식을 바탕으로 전술적 움직임이 나오기 때문이다. 본능적인 반응만으로는 복잡한 상황을 해결하는 데는 분명 한계가 있음을 알아야 한다.

길을 걸어가든, 교통수단을 이용하든, 사람을 만나든 당신은 다양한 상황에 위치하고, 당신의 생명을 위협할 위험 또한 언제든 당신 앞에 다가올 수 있다. 자기방어에 대한 깊이 있는 생각 하나가 그 상황에서 당신을 벗어나게 할 유일한 길임을 명심했으면 한다. 자연스럽고 당연하게 전술적 사고를 일상처럼 생활화하도록 하자!

"모든 것은 마음에서 비롯된다.
중요한 것은 마음가짐이다."

전술적 자기방어를 위한 체크리스트

우리는 어떤 일을 처리하기에 앞서 체크리스트check list를 만들어 활용하는 경우가 많다. 체크리스트는 효율적인 작업의 진행의 판단 기준이 되고, 일처리 과정에서 오류를 만들지 않기 위해 작성한다.

자기방어라는 생존의 목적을 이루기 위한 자신만의 체크리스트를 만들어보면 어떨까? 평소 전술적 사고방식을 갖고 자기방어를 생활화하기 위해서는 사고와 행동의 기준을 마련하는 것이 필요하다.

아래와 같은 체크리스트를 항상 마음속에 간직하고 있으면 어떠한 상황 앞에서도 흔들림없이 당당해지리라고 생각한다.

✏️ 전술적 자기방어를 위한 체크리스트

☑ 최악의 상황에 빠지지 마라.　　　☑ 활용할 수 있는 모든 것을 활용한다.

☑ 현장에서 벗어나라.　　　　　　☑ 인체의 취약한 부위를 공략한다.

☑ 자기방어는 이기기 위한 것이 아니다.　☑ 연속적으로 공격한다.

☑ 자기방어는 일 대 일 전투시스템이다.　☑ 자기방어는 생명보험과 같다.

☑ 나의 위험을 알려라.　　　　　☑ 자신감을 가져라.

☑ 자기방어에는 규칙이 없다.　　　☑ 법적 한계를 잊지 마라.

최악의 상황에 빠지지 마라

"예방이 최고의 자기방어이다."

범죄자는 대부분 위험부담이 적은 상대를 범행의 표적으로 정한다. 맹수들이 사냥감을 고를 때 무리에서 떨어진 대상을 목표로 하듯 범죄자는 현재 누가 자신의 공격에 가장 취약한 상태인지 자체적으로 판단하여 행동으로 옮긴다.

평화로운 시대가 오래될수록 사람들이 어둠의 그림자를 잊고 살듯이 일상이 늘 안전하기만 한 사람들은 평상시 했던 패턴 그대로 행동한다.

하나의 예를 들어 본다. 음악이 흘러나오는 이어폰을 귀에 끼고 스마트폰을 보며 걷는 사람이 있다. 이 사람은 무엇에 취약할까?

- ♟ 시끄럽게 흘러나오는 이어폰의 음악소리가 자신의 청각을 제한하여 주변 소리에 반응할 수 없다.
- ♟ 스마트폰을 보고 있는 중에는 주변 상황을 볼 수 없다.
- ♟ 이어폰과 스마트폰에 집중된 감각으로 인해 범죄자의 공격 속도보다 신체 반응이 느릴 수밖에 없다.

위와 같이 세 가지만 얘기해도 그 사람이 최악의 상황에 빠질 가능성이 높다는 점은 누구나 알 수 있다. 그렇다고 스스로 너무 조심한 나머지 길을 걸어가는 행위조차 두렵기만 하다면 정상적인 삶이 힘들 것이다.

그럼 어떻게 하면 좋을까? 답은 결코 어렵지 않다. 길을 걸을 때 자신의 주변에 관심만 가지면 된다. 이어폰 음량을 적당히 조절하고, 스마트폰을 보더라도 너무 집중하지 않고 주변 사람이나 상황에 대해 조금의 주의와 관심을 보인다면 자신의 안전을 지키는 데 도움이 된다. 이어폰과 스마트폰을 예를 들어 설명했는데, 언제 어디서나 안전에 대한 생각을 잊지 말고 살아야 한다는 게 첫 번째 체크리스트의 포인트이다.

대부분의 사람들이 바쁜 현실에서 놓치기 쉬운 것이 바로 예방의 중요성이다. 예방은 상황 발생 후에 하는 신체적인 자기방어보다 훨씬 더 쉬운 방어법이다. 신체적 자기방어에 자신이 없는 사람일수록 더욱 예방에 힘써야 한다. 자기방어에 대한 노력도 없고, 평소 아무런 주의도 기울이지 않고 생활하는 사람은 범죄자의 표적이 될 조건을 충분히 가지고 있다.

최악의 상황에 빠질 수 있는 여건을 절대 스스로 조성해서는 안 된다. 화재 예방, 범죄 예방, 학교폭력 예방, 성폭력 예방, 암 예방 등 미리 대비하는 자세는 사회 곳곳에서 요구되고 있으며, 자기방어 또한 예외는 아니다.

자신이 현재 무엇을 하고 있든 항상 내 주위에서 어떤 일이 발생할 수 있다는 가정하에 예방하는 자세가 필요하다.

현장에서 벗어나라

우린 어릴 적부터 도망이란 단어를 비겁하다는 단어와 동일시하며 지내왔다. 그래서 어떤 상황 앞에 당당히 맞서는 사람을 용감하다고 치켜세우며 영웅으로 대우했는데, 자기방어는 그와 반대의 경우이다.

범죄의 대상이 되었을 때 현장에서 대응할 수 있는 능력을 가지고 있다면 가장 좋겠지만, 그게 아니라면 현장에서의 대응보다는 신속히 현장을 벗어나는 것이 가장 중요하다. 중국의 병법서 三十六計삼십육계의 36번째 계책이 走爲上策주위상책이다. 즉 '도망가는 것이 제일 좋은 계책'이란 뜻이다.

자신에게 불리한 범죄 상황에서 도망가는 것보다 더 좋은 계책이 어디 있겠는가. 자신의 직업특성상 도망갈 수 없는 사람도 있겠지만, 이에 대한 의무감이 없는 일반인들은 현장에서 벗어나는 행위가 현명한 선택이다. 도망갈 타이밍을 찾는 것 역시 자기방어의 일부분이다.

현장 에서 벗어나기

① 범죄현장, 장소 등의 실제 공간(광의)
② 공격의 진행방향, 가상의 연장 공간(협의)

일반적으로 '현장에서 벗어나기'는 범죄자의 시야에서 완전히 벗어나는 장소적 이탈을 의미한다. 그런데 그럴 수 없는 경우 현재의 위험에서 벗어날 수 있는 방향으로 잠시 몸을 피하는 일시적인 이동을 의미하기도 한다.

일시적인 이동이란 범죄자의 사정권射程圈에서 잠시 벗어나 대응할 준비를 갖추는 것을 말한다. 즉 상대를 밀치기, 상대 시야의 사각지대로 빠지기 등 공격방향에서 잠시 벗어나 대응할 수 있는 시간을 확보하는 개념이다.

상대가 갑자기 공격해오면 자신의 방어는 견고할 수 없고, 휴대하고 있던 도구도 사용할 시간이 없는 것은 당연하다. 따라서 상대에게 대응할 수 있는 시간의 확보가 반드시 필요하다. 상대가 시간을 주지 않으므로 내가 시간을 만들어 대응해야 한다는 논리이다.

'절대 물러나서는 안 된다'는 장수의 용맹보다 '한발 물러난 후 역공'하는 장수의 지혜가 상황 해결의 결정적인 역할을 하기도 한다. 현장에서 벗어나는 것이 가장 안전하고 확실한 자기방어법이란 걸 잊지 말자.

자기방어는 이기기 위한 것이 아니다

스포츠 경기는 심판의 시작신호와 함께 동일한 조건규칙, 체급, 복장, 도구 등을 가진 선수들의 힘겨루기를 통해 승부를 결정한다. 그러나 자기방어가 스포츠 경기처럼 상대와 정면대결을 통한 힘겨루기 형태가 된다면 결코 성공하지 못할 것이다.

자기방어는 스포츠 경기와 같이 승부勝負를 나누기 위한 게임이 아니다. 상대와 몸싸움에서 이기기 위한 목적보다 벗어나기 위한 행동이 우선되어야 하고, 내가 상대에게 심한 공격을 받았다고 해서 전세戰勢를 역전시키기 위해 그만큼 되돌려줘야 하는 것도 아니다.

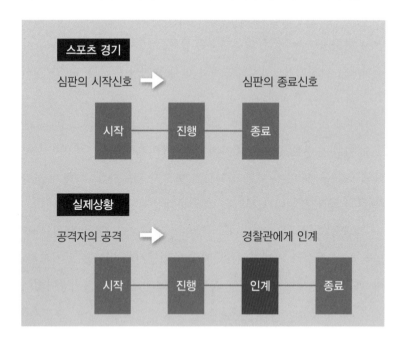

상황이 좋아 현장을 벗어났다면 그보다 다행스러운 일은 없겠지만, 그럴 수 없는 상황이라면 상대를 제압하기 위한 행동에 집중해야 한다. 그리고 상대를 제압했다 하더라도 스포츠 경기처럼 심판의 종료신호와 함께 그대로 경기가 끝나는 것이 아니므로, 그 이후의 상황에 대한 대비 또한 필요하다.

제압 이후 상황이란 경찰관에게 인계할 때까지 내가 어떻게 행동할지에 대한 판단과 행동을 말한다. 주위 사람의 도움을 요청할 수 있으면 도움을 받아야 하고, 그럴 수 없는 상황이라면 발버둥치고 있는 상대를 잡아놓고 혼자서 어떻게 이 상황을 극복할지에 대한 판단이 필요하다.

자기방어 현장은 스포츠 경기처럼 정해진 룰rule에 따라 안정적인 환경 속에서 승부에만 집중하며 상황을 이끌어갈 수 없다. 그리고 상대의 움직임을 사전에 예측할 수도 없다. 갑작스런 상황이 발생하면 상대에게서 어떻게 벗어날지, 어떻게 제압할지, 제압 이후의 상황은 어떻게 할지 등 단순히 이기기 위한 경기가 아닌 상대의 공격행위에서 살아남을 수 있는 전술이 자기방어의 냉정한 현실이다.

자기방어는 일 대 일 전투시스템이다

1대 다수일 때의 자기방어는 순차적 공격이 아닌 동시공격에 대한 대응이 요구되는 상황이다. 17 대 1의 전설처럼 격투능력이 뛰어난 사람은 다수의 공격에도 살아남을 수 있다.

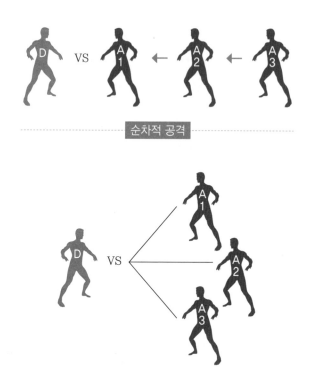

동시 공격

그러나 우리가 흔히 알고 있는 자기방어란 여러 사람을 상대하기 위함이 아닌 '상대와 나'라는 일 대 일 상황에 최적화된 움직임이다. 물론 다수의 공격자를 컨트롤control하기 위한 훈련과정이 있음에도 불구하고 일반인들이 실제 그런 상황을 해결하기란 무척어려운 일이다.

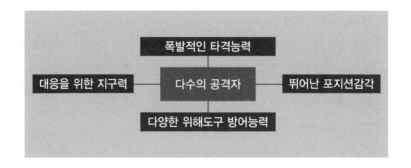

자기방어적 측면에서 한 명을 대응하는 방법과 다수를 대응하는 방법은 다를 수밖에 없다. 공격자가 다수일 때 절대적으로 불리한 위치에 있는 쪽은 홀로 대응하는 사람이다. 다수의 공격자들이 서로 치고 때리는 바보같은 행동을 하지 않는 한 스스로 살아남을 확률은 그리 높지 않다.

위의 네 가지 조건이 다른 공격자보다 월등히 뛰어나다면 생존 확률이 높을 수 있을 것이다.

적극적인 대응보다 일 대 다수의 상황을 사전에 피하는 노력이 최선의 방어책이다. 불가피하게 그런 상황에 처했다면 최후의 1인이 남을 때까지 대응하기보다 언제라도 도망갈 수 있는 타이밍을 만들어서 현장에서 빨리 벗어나거나, 주위에 도움을 요청하는 것이 가장 현명한 방법이다. 영화 속 주인공처럼 다수의 공격자를 처리하는 상상은 금물이다. 자기방어는 영화가 아니다.

나의 위험을 알려라

경호警護 이론 중에 SCE경고 : Sound off, 방어 : Cover, 대피 : Evacuate원칙이 있다. 세 가지 원칙 중 첫 번째인 경고는 우발상황 발생 시 최초 발견한 사람이 육성이나 무전으로 다른 사람에게 알림으로써 즉각적인 조치가 가능하도록 하는 역할을 말한다.

왜 다른 사람들에게 알리는 경고를 첫 번째 원칙으로 했을까? 다양한 이유가 있겠지만, 필자는 일단 주위에 알려야 효율적으로 대응할 수 있기 때문이라 생각한다.

자기방어에서 첫 번째로 해야 할 일은 경호이론상의 경고와 같다. 자기방어가 필요한 상황에서 상대의 공격에 대한 나의 대응은 신체적인 방어도 필요하지만, 이와 더불어 큰 소리를 지르며 저항하는 무형無形적인 방어 또한 필요하다.

위기상황 시 소리를 통한 경고는 두 가지의 효과가 있다. 하나는 다른 사람에게 도움의 신호를 보내는 것이고, 다른 하나는 상대방에 대한 경고이다.

이런 경고의 강도가 발악發惡에 가까울 정도의 큰 외침이면 더욱 효과적이다. 공격자의 입장에서 보면 시끄럽게 외치며 저항하는 사람이 있을 때 크게 부담이 된다. 왜냐하면 나의 외침으로 인해 상대는 더 이상의 공격을 단념할 수도 있고 주위에서 지원군이 달려올 수도 있기 때문이다. 내성적이고 소극적인 성격과는 별개로 자신의 위험은 꼭 주위에 알려야 한다.

자기방어에는 규칙이 없다

유도경기를 예로 들어보겠다. 유도는 서로가 규정된 도복을 입고 규정된 테크닉을 이용하여 시합을 해야 하고, 상대에게서 규정 외의 동작이 나오지 않는다는 점을 서로 알고 있다. 또한 위반이나 승부를 판단해줄 심판도 있다.

격기 格技 종목	구분	실제 현장
있음 (선수 보호와 경기진행 목적)	경기 규칙	없음
있음 (규칙에 의한 종료시간)	제한 시간	없음 (서로의 의지에 의한 중단)
있음 (규칙에 의한 판정)	심판 유무	없음
1인	인원 제한	없음 (상대가 1인이 아닐 수 있음)
종목에 따라 규정된 도구 사용	도구 제한	없음

경기는 누가 봐도 공정한 게임이다. 하지만 현장은 경기장과 달라서 상대의 행위를 예측할 수 있는 규칙은 존재하지 않는다. 또한 공격행위에 관한 규칙이나 제한이 없으므로 처음부터 공정한 싸움이란 존재하지 않는다.

환경이 이러한데 자신만 공정한 싸움을 추구하려는 것은 자신의 행위를 스스로 제한하는 좋지 못한 생각이다. 상대의 공격이 치명적일수록 나의 대응 또한 강력해야 하고, 모든 방법을 써서 공격자를 막아야 한다. 상대를 물거나, 눈을 찌르거나, 사타구니를 공격하는 행동은 모두 현재 나의 생존에 필요한 공정한 행위이다.

만약 나에게 단 한 번의 대응기회가 있다면 반드시 상대의 민감한 영역을 전력을 다해 공격해야 한다. 그래야 상당한 충격이 상대에게 전달되어 나는 그 틈을 타서 벗어날 기회를 포착할 수 있다. 손과 발이 안 되면 머리를 이용하고, 그것도 안 되면 이빨이라도 이용해야 하는 것이 바로 현장이다.

무규칙한 현장에서 자신의 몸을 보호하기 위해 화려한 테크닉을 사용할 필요는 없다. 숙달된 능력자라면 문제가 없겠지만, 물고 찌르고 차는 등 그동안 반칙이라고 인식되어 왔던 단순한 동작들이 자신의 상황을 해결해 줄 강력한 테크닉이 될 수 있다.

활용할 수 있는 모든 것을 활용한다

어릴 때 늘 듣던 말이 있다. "누구와 싸울 때 먼저 공격하는 사람이 이긴다."

무의식 상태에서 상대로부터 공격을 당하면 신체의 아픔은 둘째 치고 일단 정신이 없기 때문에 공격자가 유리한 위치를 선점한다. 이러한 상황에서는 상대의 공격에 당황해서 원하는 행동을 하기 어렵다.

상대의 공격으로 양팔이 자유롭지 않거나, 바닥에 내 몸이 눕혀져 있을 수도 있고, 상대가 내 목을 조르는 상황일 수도 있다. 이처럼 내가 사용할 옵션이 제한적인 상황에서는 제한적인 옵션을 풀기 위해 소중한 힘을 낭비하지 말고 자유롭게 사용 가능한 옵션을 찾아 전력을 다해 공격해야 한다.

양팔이 자유롭지 않을 때는 사용 가능한 머리와 다리를 활용하고, 바닥에 눕혀져 있을 때는 자유로운 양손으로 상대의 안면을 거침없이 공격하거나, 머리카락을 잡아당기고, 강한 이빨을 이용하여 상대를 물어뜯기라도 해야 한다. 현재 상황에 맞게 내가 활용할 수 있는 모든 옵션을 활용하는 것이 생존을 위한 최선의 선택이다.

앞에서 자기방어에는 규칙이 없다고 했다. 모든 방법을 적극 활용하여 대응하는 것은 정당방위의 범위를 벗어나지 않는 한 흉악한 범죄자의 공격에 맞선 선량한 피해자의 권리이다. 내가 사용할 무기가 두 손밖에 없다는 편견은 버리길 바란다. 편견을 버리는 순간 다양한 옵션이 당신을 기다리고 있다. 상대에 대한 배려는 자신의 안전이 주어졌을 때 생각해도 늦지 않다.

인체의 취약한 부위를 공략한다

자신의 생명을 위협하는 긴박한 순간에는 대응이 단순할수록 강력하다. 각종 무도의 테크닉은 단시간에 익힐 수 없고, 그것에 대한 감각을 깨우치려면 시간과 노력이 필요하다. 자기방어적 측면에서 그러한 테크닉을 사용할 수 있으면 좋겠지만, 테크닉을 배운적이 없거나 나의 움직임이 자유롭지 못한 상황이라면 우리가 선택해야 할 일은 가장 단순하고 본능에 가까운 원초적인 움직임뿐이다.

대부분의 일반인들은 전문적인 파이터fighter, 전사가 아니다. 따라서 한정된 자신의 능력으로 큰 효과를 낼 수 있는 방법, 즉 같은 힘을 쓰더라도 강한 근육 부위보다 상대에게 큰 충격을 전달할 수 있는 민감한 부위를 선택해야 한다. 이러한 공략법은 오랜 시간 단련을 요구하는 테크닉이 아니다.

눈·코 등의 안면, 목·낭심 등의 민감한 부위를 공략하면 상대의 중심을 무너뜨려 상대를 제압하거나 내가 도망갈 수 있는 기회를 만들 수 있다. 이런 취약 부위 공격의 가장 큰 매력은 체구가 작고 힘이 약한 사람이 체구가 크고 힘센 상대와 맞설 때 투자대비 큰 효과를 낼 수 있다는 점이다.

긴박한 순간에 무의미한 동작으로 소중한 힘을 낭비하지 말고, 자기방어를 위한 나의 대응행위도 뚜렷한 목표를 가지고 접근하도록 하자!

연속적으로 공격한다

일격필살一擊必殺

영화의 주인공처럼 한 번의 공격에 한 명씩 나가떨어지게 만드는 능력의 소유자는 몇이나 있을까?

한 번의 공격으로 상대를 완전히 제압할 수 있으면 좋겠지만, 아드레날린이 과다분비되어 흥분한 상대방을 때려눕히기에는 자신의 힘이 부족할 수도 있다. 단 한 번의 공격으로 상대의 반응을 확인하는 행위는 상대를 더 흥분시키는 촉매제가 될 수도 있다. 따라서 같은 부위라도 연속공격이 이루어져야 자신이 원하는 효과를 어느 정도 얻게 된다.

여기에서 연속공격이란 상대가 중심이 무너져 주저앉거나 자신을 향한 공격을 중지할 때까지 행하는 공격을 말한다. 상대가 그로기groggy, 혼미상태가 되어 저항하지 못하는 데도 계속적으로 행해지는 공격을 말하는 것이 아니다. 빠르고 강한 연속공격을 통해 상대에게 회복할 기회를 주지 않고 상대를 당황하게 하여 공격을 중단하도록 만들어야 한다.

때에 따라서 단 한 번의 공격이 성공할 경우도 있지만, 자신이 목표한 지점을 벗어날 수도 있다. 나도 움직이고 상대도 움직이는 상태이기 때문에 공격의 정확성이 떨어지면 바람직한 결과를 기대할 수 없다.

만약 나의 공격목표를 상대 낭심 부위로 정했다면 상대가 쓰러질 때까지 연속적으로 공격하여 현장에서 벗어날 기회나 상대를 제압할 기회를 만들자!

자기방어는 생명보험과 같다

보험은 현재보다 미래를 위하는 데 있다. 이 점에서 보면 우리가 배우는 자기방어란 생명보험과도 같다. 당장은 안전하고 일상적인 생활을 영위하고 있으므로 필요 없게 느껴질 수도 있으나, 내 몸이 아프면 잘 들어둔 보험이 나를 도와주듯 자기방어를 위한 노력 또한 그런 역할을 한다.

습관적 행동 하나로 어떠한 분야의 달인이 되는 사람들처럼 몸의 기억은 머리의 기억보다 자연스럽고 잘 잊혀지지 않는다. 그렇기 때문에 자기방어를 위한 노력은 거짓없이 정직하여 절대 당신을 배신하지 않는다.

상대의 공격에 무방비상태인 나를 누가 도와주겠는가. 주변 사람들과 경찰관이 현장에 적극적으로 개입하기 전에 당신을 향한 치명적인 공격은 계속 이루어진다. 이럴 때 평소 스스로 배우고 익힌 동작들이 위기에 빠진 당신을 도울 것이다. 따라서 우리는 자기방어의 필요성을 불신하고 비웃어서는 안 된다. 자기방어는 삶과 죽음의 갈림길에서 나의 생존확률을 높이는 소중한 존재임을 기억하자.

자신감을 가져라

많은 사람들 앞에서 연설할 때, 가수가 무대 위에서 노래를 부를 때, 운동선수가 자신의 경기에 집중할 때 자신감이 없으면 자신의 실력을 충분히 발휘할 수 없다. 이렇듯 자신감이란 어떤 일을 성공적으로 수행하는 데 없어서는 안 될 필수요소이다. 자기방어가 필요한 상황에서 행위의 기본 역시 자신감이다.

자기방어 상황에서 범죄자의 공격은 망설임이 없고 치명적일 만큼 잔인하다. 피해자가 겁을 먹고 공포감에 휩싸일수록 범죄자의 공격행위는 더 거세지기 마련이다. 공격에 자신감이 넘치는 사람과 공포에 떨고 있는 사람이 경기를 한다면 결과는 뻔하지 않겠는가.

대부분의 사람들은 어떠한 위험이 발생했을 때 놀람과 공포로 인해 그 자리에 서 있거나, 주저앉거나 뒤엉키며 저항한다. 그러다 보면 상대의 공격을 막는 데 급급한 나머지 정작 자신이 해야 할 행동은 잊고 범죄자의 행동에만 반응하는 수동적인 움직임이 나올 수밖에 없다.

생존을 위한 행동을 선택할 때는 한 치의 망설임도 없어야 한다. 자신감 있는 대응만이 상대에게 경고의 메시지message를 전해 자신의 생존확률을 높인다.

2016년 브라질 리우올림픽 펜싱 남자 에페경기에 출전한 박상영 선수는 결승전에서 세계 랭킹 3위인 헝가리 선수에게 9:13[15점]

승부^{勝負}으로 지고 있는 상태에서 휴식시간을 맞았다. 그리고 주문처럼 속으로 외쳤다. "할 수 있다. 할 수 있다. 할 수 있다." 그리고 기적처럼 15:14로 역전하여 금메달리스트가 되었다.

일단 범죄환경 속에 놓이면 피할 수 없는 것이 현실이다. 그리고 그 상황을 해결해야 할 사람 당사자인 자신이다. 따라서 생존확률을 높이기 위해서는 두려움과 공포감에 휩싸이기보다 긍정의 자신감을 갖는 것이 필수적이다.

'성공하지 못할 거라는 그릇된 믿음을 버리는 것이 성공을 향한 첫걸음'이라는 말이 있다. 상대가 주는 공포에 집중하지 말고, 공포를 극복할 수 있는 방법에 집중해서 현재의 상황을 자신감 있게 해결하자!

법적 한계를 잊지 마라

대한민국은 법치국가이다. 내가 하는 행동 하나하나가 법적 테두리 내에서 허용되고, 이를 위반하면 법적인 평가를 받는다. 범죄 피해자의 입장에서 범죄자의 행동은 용서할 수 없다.

하지만 용서할 수 없는 마음과 별개로 자신의 행동이 정당방위의 범위를 넘어 다음과 같은 과잉방위로 이어져서는 안 된다.

- ♟ 상대의 칼을 뺏어 상대를 찌르는 행위
- ♟ 상대의 칼에 대항하여 칼을 들고 공격하는 행위
- ♟ 상대의 칼에 대항하여 불법적인 도구를 이용하는 행위

- 상대의 공격이 경미함에도 불구하고 치명적인 공격을 하는 행위
- 상대의 공격이 중지되었음에도 계속 상대를 공격하는 행위
- 상대의 공격이 없음에도 먼저先 공격하는 행위
- 한 명의 상대를 다수가 함께 공격하는 행위

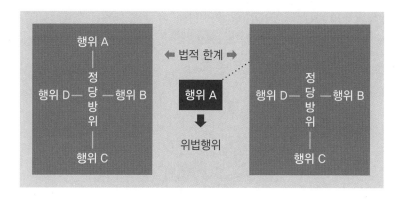

이상의 행위는 예시적인 사항들로, 자신이 공격받았다는 피해감에만 초점을 맞추었을 때 발생할 수 있다.

어느 수준까지가 정당방위인지에 대해 객관적 기준은 없다. 다만 현장 상황을 종합적으로 고려한 법관의 사후판단만 있을 뿐이다. 정당방위와 관련된 판례 검색이나 뉴스, 도서 등을 통해서 어떻게 대응하는 것이 위법적이지 않은 행위인지 평소 관심을 가짐으로써 정당한 자기방어 행위가 될 수 있도록 해야 겠다. 선의의 피해자가 가해자로 바뀌어서는 절대 안 된다.

"묻지마 범죄와 같은 비정상적 상황을
미리 예측하고 대응할 수 있는 방법이 있다면 좋겠지만,
범죄는 내가 예측하지 못한 상황에서 발생한다."

전술적 움직임

전술적 움직임이란

전술적 움직임이란 용어만 거창할 뿐이지 절대 어려운 말이 아니다. 우리는 사람이기에 움직여야 하는데, 범죄와 같은 비정상적 상황에 대응하기 위해서는 그냥 움직여서는 안 되고 전술적으로 움직여야 한다.

전술적 움직임이란 그 움직임에서 좀 더 효율적인 수단과 방법을 추구한다는 개념이다. 즉 움직임의 주체인 자신이 상대방의 공격에서 벗어나 생존이라는 목적을 달성하기 위해 맨몸이나 도구를 활용하여 주어진 상황을 보다 효과적으로 해결하는 것이라 할 수 있다.

평소 유튜브YouTube나 교본을 참고해서 자기방어 연습을 열심히 해왔는데, 갑자기 나에게 어떤 상황이 주어졌다고 가정하자. 상대가 교본 속의 동작을 그대로 연출한다면 나 역시 교본이 제시한 동작 그대로 대응할 수 있으므로 한 치의 오차가 없는 해피엔딩이 될 것이다. 아쉽게도 현실의 상황은 교본에 적혀 있는 것과 같은 패턴으로 진행되지 않는다.

오른손에 대한 공격만 연습했는데 상대는 왼손잡이일 수도 있다. 상대가 앞이 아닌 뒤에서 공격하거나, 내가 상대해야 할 대상이 1명이 아닌 2명 이상일 수도 있다. 또 상대가 나이프로 공격하는데 내가 연습했던 방향과 다른 곳에서 공격해 올 수도 있으며, 항상 연습했던 파트너처럼 순순히 나의 테크닉을 받아주지 않고 격렬한 저항을 계속할지도 모른다.

이처럼 현장 상황은 동적이고 변칙적이다. 나도 움직이고 상대도 끊임없이 움직이기 때문이다. 완벽하게 대응하기 위해 상대가 공격할 수 있는 모든 방향에 맞춰 연습했더라도 상대의 공격은 당신의 상상을 벗어나는 곳에서부터 시작된다.

현장에서 해야 할 중요한 행위는 테크닉 암기가 아니라 전술적 움직임, 즉 상황 해결능력이다. 지금 내가 처한 상황에서 어떻게 움직이는 것이 가장 효율적인지에 관한 판단과 행동은 신속하고 정확해야 한다.

예를 하나 들어보겠다. 자신의 두 손이 상대방에게 잡혀 끌려가고 있는 상황을 가정해보자. 상황이 급박한 만큼 잡힌 두 손을 뿌리쳐야 하나, 그러기에는 신체적 능력이 너무나 부족한 상태라면 어떻게 대응해야 할까? 자신의 약한 근력에 의존하여 수업시간에 배웠던 손빼기에 온힘을 쏟으며 시간을 허비해야 할까?

이미 자신의 두 손이 잡혀 있는 상태이고, 손을 빼기에는 근력과 요령이 너무나 부족하며, 그나마 자유로운 자신의 머리를 이용하여 상대를 타격하기에도 상대와 거리가 있는 것이 현재 주어진 상황이다. 이때 중요한 일은 자신이 처한 상황을 해결할 다른 방법을 신속히 판단하고 나서 다음의 움직임을 결정하는 것이다.

그리고 그 판단 결과를 활용할 타이밍을 기다린다. 평소 연습을 많이 하여 상대에게 손이 잡힘과 동시에 조건반사적으로 동작이 나온다면 참 좋겠지만, 그게 아니라면 자신의 공격을 성공시킬 타이밍이 필요하다.

성공하지도 못할 무의미한 동작으로 자신의 의도를 미리 노출시키면 상대는 격분하여 더 큰 힘을 가하거나 대비하게 되므로 비장의 무기를 성공시킬 확률도 줄어든다. 현재 상황에 맞는 비장의 무기가 다리를 이용한 낭심 공격이라면 자신의 다리를 이용하여 무방비로 노출된 상대의 낭심을 적절한 타이밍에 공격하여 상대에게 강한 손상damag을 준 다음 현장에서 벗어나는 것이 바로 전술적 움직임이다.

두 손이 잡힌 상황을 예로 들었지만, 다른 상황에서도 마찬가지이다. 현재의 상황에 맞는 자신의 대응방법이 있을 것이다. 그 대응방법을 생각했다면, 그리고 상대의 공격과 동시가 아니라면 자신의 대응을 성공시킬 타이밍이 꼭 필요하다. 그 한 방이 상황을 해결하는 데 결정적인 도움을 줄 당신의 전술이다.

상황판단 + 타이밍 + 대응방법 = 전술적 움직임

특히 몸집이 작고 힘이 약한 사람이 상대의 공격에서 벗어나기 위해서는 현재 자신의 조건을 활용한 전술이 필요하다. 단순히 테크닉을 익힌 사람과 상황 해결을 위한 전술적 움직임을 연습한 사람과는 대응에 차이가 날 수밖에 없다.

"나무를 보지 말고 숲을 봐야 한다.
전체를 이해해야 올바른 판단을 할 수 있고,
그 선택이 당신을 도울 것이다."

상황판단

사람이 오감을 통해 외부 정보를 받아들이면, 대뇌에서 그 정보를 판단한 후 운동기관에 명령을 내려 움직임을 만들어낸다. 때문에 판단과 행동 사이에 시간차가 생기기 마련인데, 이를 신체 반응시간이라 한다. 신체 반응시간은 우리가 흔히 알고 있는 무릎반사 실험과 같은 신체의 반사작용과는 다른 개념으로, 어떤 감각적 자극에 대해 움직임으로 반응하는 빠르기의 척도이다.

아무리 연습을 하고 노력을 한다고 해도 사람이기에 신체 반응시간이 없을 수는 없다. 그리고 상황이 복잡하고 처음 경험해보는 상황일 경우 그만큼 반응시간은 늘어난다.

"상황판단이 신속할수록
생존확률은 높아진다."

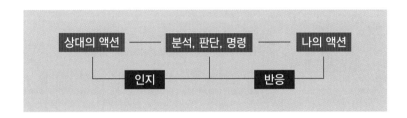

상황판단은 현장경험이 많거나 평소 트레이닝이 잘된 사람일수록 속도가 빠르고 정확하다. 판단이 신속하고 정확해야 행동 또한 상대의 반응시간보다 빠르므로 상대는 중심을 잃고 나에게 제압된다.

이처럼 상황판단은 모든 움직임에 우선되어야 한다. 사전에 위험요소가 인지되고 상대와 거리가 있는 경우는 상황판단하기에 너무나 좋은 환경이다. 대응보다는 도망이라는 최선의 방법을 선택하여 상대와 물리적 충돌없이 평화롭게 상황을 종료할 수도 있다.

하지만 「묻지마범죄」와 같은 비정상적 상황에서는 갑자기 공격이 이루어지기 때문에 상황판단을 할 충분한 여유도 없고, 상대의 공격에 대한 위험을 판단하기 전에 자신이 비명을 지를 확률이 더 높다.

이 경우 상황판단은 처음부터 구체적인 형태를 갖출 필요는 없다. 「묻지마범죄」처럼 긴박하게 진행될 때의 상황판단은 현재 진행 중인 최우선 위험을 제거하기 위한 1차 판단과 앞으로 예상되는 위험에 대응하기 위한 2차 판단으로 나눌 수 있다. 1차 판단의 목적은 갑자기 발생한 최우선 위험요소를 제거하는 것이다.

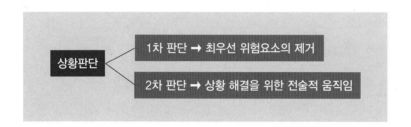

최우선 위험요소는 말 그대로 우선적으로 처리하지 않으면 나에게 더 큰 위험을 주는 치명적인 요소를 말한다. 예를 들어 옆에 있던 상대가 갑자기 나에게 칼이나 몽둥이를 휘두른다면, 바로 그 칼이나 몽둥이가 최우선 위험요소이다.

공격을 인지한 후 그 무기의 공격범위에서 벗어날 수 없다면 무기를 든 상대의 손을 양손으로 감싸잡아 상대의 2차 공격을 제한하는 것이 1차 판단의 결과이다.

신속 · 정확한 1차 판단을 통해 최우선 위험을 일시적으로 제거한 다음에는 상황에 대한 정확한 인지, 즉 2차 판단으로 현재 상황을 해결할 수 있는 대응방법을 찾아야 한다. 너무 놀라거나 당황해서 최우선 위험요소를 제거하지 않고 시간을 끄는 것은 자신의 생존을 위해 좋은 선택이 아니다.

2차 판단은 1차 판단보다 좀 더 구체적이어야 한다. 현재 상황을 해결할 도구나 방법, 현재의 위험과 또 다른 위험요소에 대한 방어, 나의 대응에 관한 법적인 한계 등을 단시간에 판단하기는 일반인의 입장에서 보면 쉬운 일은 아니다.

그래서 필요한 것이 전술적 움직임에 대한 생각과 연습이다. 아무런 준비없이 현장에서 판단한다는 것은 아무런 준비없이 대회에 출전하는 선수와 다를 바 없다.

상황판단과 그 판단에 근거한 행동이 신속히 이루어질 때 자신의 생존확률도 높아진다. 따라서 상황판단에 필요한 많은 요소들을 평소에 생각하고 준비하여 상대의 거침없는 공격에 대한 신체 반응시간을 조금이라도 단축시키자!

타이밍

"Precision beats power, timing beats speed."

정확도가 파워를 이기고, 타이밍이 스피드를 이긴다.

– Conor McGregor코너 맥그리거 –

타이밍이란 최대의 효과를 낼 수 있는 최적의 시간을 말한다. 인생은 타이밍이란 말도 있지 않은가. 너무 빠르거나 너무 늦으면 자기가 원하는 결과를 얻을 수 없다. 바쁘게 돌아가는 일상에서 타이밍을 맞추지 못해 후회할 때가 있다. 이런 삶의 타이밍뿐만 아니라 자기방어에서도 타이밍은 중요한 요소 중의 하나이다.

상대의 공격을 피할 수 있는 타이밍, 상대방의 무기를 제지할 수 있는 타이밍, 상대를 잡고 중심을 기울일 수 있는 타이밍, 중심이 기울어진 상대방을 바닥에 눕힐 수 있는 타이밍, 바닥에 눕힌 상대방을 제압할 수 있는 타이밍 등 모든 것은 타이밍의 연속이다. 타이밍을 잘 활용할 수 있는 능력이 있어야 자신이 원하는 바를 이룰 수 있고, 자신의 안전이 보장된다.

타이밍 감각은 짜고 치는 고스톱과 같은 연습만으로는 익히기 어렵다. 상대의 저항을 느끼며 중심을 이리저리 움직여 보고, 상대의 약한 곳을 타격하기 위해 힘을 집중시켜 보고, 상대의 움직임을 유도해서 자신의 함정에 가두어 보면 타이밍 감각이 자연스럽게 습득된다.

타이밍이 적절하면 상대는 나의 테크닉에 쉽게 제압당할 수 있다. 상대는 자신이 어떤 테크닉에 당할지, 어떤 타이밍에 테크닉이 나올지 모르기 때문이다.

이와 같은 신체적 대응 타이밍은 상대를 제압하기 위해서뿐만 아니라 상대의 공격을 방어하기 위해서도 중요하다. 상대의 타이밍보다 나의 타이밍이 더 빠르면 완벽한 방어가 가능하다. 즉 상대에게 멱살을 완전히 잡힌 상태에서 벗어나는 것보다 상대가 멱살을 잡으려고 시도할 때 벗어나는 것이 더 효율적이고, 성공적인 방어행위가 될 수 있다.

대부분의 호신술 교육은 항상 멱살이 완전히 잡힌 상태에서 연습을 시작한다. 이런 상황은 이미 상대에게서 벗어날 수 있는 타이밍을 놓쳤기 때문에상황에 따라 멱살을 잡힌 상태에서 타이밍을 찾는 경우도 있다 다른 해결방법을 모색하여 벗어날 수 있는 타이밍을 찾아야 한다.

단순히 잡힌 멱살을 확인하고 상대의 손을 잡아 꺾는 동작을 연습하는 것은 꺾는 원리를 배우는 연습일 뿐 그 행위 자체가 내 몸을 보호하는 테크닉이 될 수는 없다. 수백 번 연습한 동작이 적절한 타이밍에 실시되지 않는다면 상대는 저항하게 되고, 저항하는 시점부터 그 테크닉은 두 번 다시 사용할 수 없게 된다. 상대가 이미 당신의 의도를 알아버렸기 때문이다.

호신용품이나 각종 도구를 사용하는 경우도 역시 타이밍이 중요하다. 타이밍이 너무 늦으면 도구를 사용할 수 없는 상황에 처하고, 타이밍이 너무 빠르면 상대에게 방어할 기회를 주거나, 나의 도구가 상대의 손에 넘어가 나를 위협하는 도구가 될 수도 있다.

도구를 휴대한 사실 하나만으로는 도구가 빛이 나지 않는다. 스스로 도구를 사용할 타이밍을 미리 알고 있어야 한다. 상황 발생에 따른 전술적 움직임이 이루어지기 위해 타이밍이 꼭 필요한 요소 중 하나라는 점을 잊지 말자!

"레슬링 선수는 시합에서
태클을 성공시키기 위해 수천 번의 연습을 한다.
하지만 실제 시합에서 태클을 성공시키기란
그리 쉬운 일이 아니다. 중요한 것은 타이밍이다."

대응방법

상황판단과 타이밍이 무형無形적인 부분이라면, 대응방법은 테크닉과 같은 유형有形적인 부분이다. 평소 자신이 열심히 연습하고 있는 신체적인 움직임이 바로 대응방법, 즉 테크닉이다. 테크닉이라 하면 액션 영화의 현란한 장면을 떠올리는 사람들이 있겠지만, 안타깝게도 현실은 환상적이지 않다.

어떤 종목은 테크닉 수가 수천 가지가 넘는다는 얘기를 들은 적이 있다. 그만큼 방대한 체계를 갖고 있다는 말이겠지만, 전문적으로 그 종목을 수련한 사람이 아니면 현장에 필요한 몇 가지 테크닉만 알고 있어도 상황 해결에 큰 문제는 없다.

대부분의 일반인들은 테크닉이 복잡하고 다양할수록 테크닉을 암기하려고 한다. 지속적인 수련이 아닌 단순기억은 몇 시간이 지나면 가물가물해지고, 며칠이 지나면 기억이 나지 않는다. 기억나지 않는 테크닉은 현장에서 쓸모없는 죽은 테크닉에 불과하다.

현장에서 효율적으로 대응하기 위해서는 다음과 같은 세 가지 필수요소를 갖춘 테크닉이 필요하다.

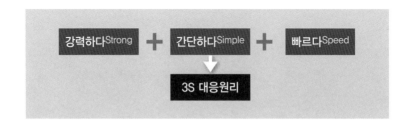

강력하다 Strong

TV 예능프로그램에서 출연진이 얼굴에 빨래집게를 하나둘씩 꽂으며 고통을 참는 장면을 본 적이 있을 것이다. 이때 한 개, 두 개, 세 개 등 어느 정도 참을 수 있는 단계에서는 출연진의 행동에 변화가 거의 없다. 그러나 참을 수 있는 정도를 넘어서면 변화가 나타나기 시작한다. 자기방어도 그러하다. 상대의 공격의지를 꺾거나 공격행위를 중단시키기 위해서는 상대에게 참을 수 없는 고통이 주어져야 한다.

상대에게 참을 수 없는 강력한 충격을 주는 방법은 두 가지이다. 하나는 나의 강한 힘을 이용하는 것이고, 다른 하나는 상대의 취약한 부위를 이용하는 것이다. 만약 자신이 마이크 타이슨Mike Tyson의 펀치처럼 위력있는 핵주먹을 가지고 있다면 상대의 어떤 부위를 공략하든 상대는 고통스러움에 몸부림을 칠 것이다. 하지만 대부분의 일반인은 타격에 특화된 선수들이 아니다.

따라서 상대의 취약한 부위를 공략하는 것이 상대에게 강력한 충격을 줄 수 있는 확률이 높다. 강력하지 못한 대응은 상대를 더 흥분시키는 무의미한 동작에 불과하다.

참을 인忍 < 충격량 ⇨ 행위의 변화

간단하다Simple

필자가 몇 가지 테크닉을 교육생들에게 가르쳐주고 테스트를 위해 어떤 상황을 부여했을 때 가장 많이 사용하고 정확하게 구사한 테크닉은 단 한 가지뿐이었다. 그것은 바로 가장 단순한 테크닉이다.

어떻게 생각하면 '에이, 저건 아무나 할 수 있는 거잖아'라고 할 수 있지만, 우리에게 필요한 테크닉은 영화 속 액션처럼 복잡하고 화려할 필요가 없다. 예술적이고 드라마틱dramatic한 테크닉의 연속보다 급박한 순간 자신이 가장 잘 사용할 수 있는 테크닉이면 충분하다.

예를 들어 상대의 낭심을 공격목표로 정했다면 적절한 타이밍에 손이나 발로 타격을 하기만 하면 될 뿐 꺾고 조르는 것과 같은 특별한 테크닉은 필요 없다. 복잡한 움직임일수록 몸에 익히는 데 오랜 시간이 요구되고, 극심한 스트레스 상황에서는 그 활용도가 떨어질 수밖에 없다.

빠르다Speed

자기방어에서 '빠르다'는 상대적인 개념이다. 상대의 움직임보다 내 움직임이 빠를 때 '빠르다'라고 표현한다. 어차피 상대와의 대결은 타이밍 싸움이다. 타이밍이 조금이라도 맞지 않는다면 상대는 저항을 할 것이고, 자신은 그 저항에 대응해야 하는 부담을 갖게 된다. 상대가 미처 눈치채지 못한 타이밍에 테크닉이 들어가야 테크닉의 효과가 그대로 전달되고, 상대방은 저항하지 못한다.

정확도가 떨어지는 빠름은 자신의 힘만 소비시킬 뿐 대응에 전혀 도움이 되지 않는다. 따라서 테크닉은 반드시 정확하고 빨라야 한다. 평소 단순하게 생각한 테크닉도 정확하고 빠르게 행하기는 매우 어렵다. 중요한 것은 테크닉의 암기가 아닌 적용이다. 테크닉이 단순하다고 무시하지 말자!

생존의 트라이앵글

전술적 움직임을 위한 생존의 트라이앵글Triangle을 보자. 이것은 상황판단, 타이밍, 대응방법으로 구성된 삼각형인데, 안정적인 삼각형 구조를 형성하기 위해서는 반드시 세 개의 면이 필요하다.

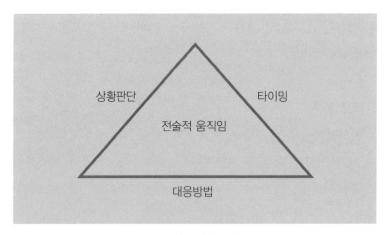

생존의 트라이앵글

상황판단을 잘하고 대응방법도 평소 연습하던 것처럼 정확한 테크닉으로 행해졌다고 해도 타이밍이 맞지 않으면 상대에게 아무런 손상을 입힐 수 없다. 그리고 상황판단을 잘하고 타이밍이 기가 막히더라도 대응방법이 효과적이지 않으면 무의미한 움직임에 불과하다.

자기방어가 필요한 상황에서 상황판단, 타이밍, 대응방법의 적절한 조화를 통해 전술적인 움직임이 나와야 한다. 그런 움직임의 실현이 우리에게 필요한 진정한 의미의 자기방어이다.

참고로 생존의 트라이앵글은 자기방어를 위한 상황뿐 아니라 우리의 삶 속에서도 얼마든지 적용할 수 있다. 가정 내에서나 직장, 연애, 결혼, 투자, 경쟁, 협상 등 다양한 상황에서 자신이 원하는 결과를 얻도록 도와줄 것이다.

전술적 움직임을 위한 조건

"그냥 아는 것보다 잘 아는 것이 좋고,
잘 아는 것보다 실천하는 것이 중요하다."

신체적 · 정신적 이완

신체적 · 정신적 이완이란 휴식상태와 같은 정적인 이완상태를 의미하는 것이 아니라, 과도한 긴장상태에서 벗어나 적당한 긴장

상태를 유지할 수 있는 동적인 이완상태를 의미한다. 이런 이완상태를 통해 우리는 신속하고 정확하게 현장 대응을 할 수 있다.

과도한 긴장상태 ➡ 동적인 이완상태

동적인 이완상태는 다른 말로 상황에 대한 집중을 의미한다. 상황에 대한 집중을 통해 사람의 뇌를 지배하는 두려움 · 긴장 · 공포 등 부정적인 생각에서 벗어나야 모든 에너지를 상황판단과 대응에 집중하게 되어 보다 효율적으로 상황을 해결할 수 있다.

예를 들어 입사 면접을 보기 위해 대기하고 있는 자신의 모습을 상상해 보라. 긴장하여 심장은 미친 듯이 뛰고 전날 외웠던 멘트가 갑자기 생각나지 않아 면접관 앞에서 실수하는 모습이 자꾸 떠오르며, 등에서 땀이 흘러내린다.

이제 면접장 문이 열리고 면접관 앞에 앉아 본격적인 면접이 시작된다. 시선은 어디에 둬야 할지 모르겠고, 면접관의 싸늘한 시선과 나의 경직된 자세가 심히 불편하게 느껴진다. 면접관의 질문 공세에 대답은 했는데, 오늘따라 혀가 유난히 딱딱하게 굴러가고 나중에 무슨 말을 했는지 도무지 기억이 나지 않는다. 어제까지만 해도 당당하게 면접 준비를 했는데, 오늘 내 모습은 왜 이럴까?

면접의 예와 같이 과도한 긴장은 반응→판단→행동으로 이어지는 움직임을 제한한다. 마치 너무나 마음에 드는 사람 앞에서 우리의 행동이 부자연스럽고 어색하기만 하듯 과도한 긴장은 불필요한 에너지를 낭비하고, 나아가 상황 해결능력을 떨어뜨린다.

이와 반대로 사람의 신체가 적당히 긴장하면 반응능력, 판단능력, 운동능력 등 모든 신체 시스템이 상황에 맞게 최적화되어 돌아간다. 앞에서 여키스-도슨 법칙Yerkes-Dodson Law의 예를 들었는데, 적당한 수준의 긴장감은 신체적으로나 정신적으로 최적의 활동을 할 수 있는 상태를 만든다.

그럼 최적의 상태를 유지하기 위해 과도하게 긴장하지 않는 방법은 없을까? 답은 단순하다. 그런 상황에 익숙해지기만 하면 된다.

사람이 긴장하는 것은 외부 자극에 대한 정상적인 반응으로, 누구든 긴장감이 전혀 없는 상태로 상황에 대응할 수는 없다. 다만 훈련을 통해 긴장감을 주는 환경에 적응하면 긴장감이 줄어든다. 스릴 넘치는 놀이기구를 처음 탔을 때와 여러 번 탔을 때의 긴장감이 서로 다른 이치와 같다.

환경이 자신에게 위협적일수록 긴장감은 더 커진다. 몇몇 공공기관에서 위험에 직면했을 때 올바른 임무수행을 하기 위해 특화된 훈련을 실시하는 것도 환경적 긴장감을 극복하고, 상황판단 및 대응에 도움을 주기 위해서이다.

일반인도 범죄나 각종 위험에 대비한 이미지 트레이닝이나 상황 훈련을 통해 환경적 긴장감에 익숙해질 필요가 있다. 자신의 테크닉을 남들 앞에서 멋지게 시범보일 정도의 실력을 갖추었더라도 현장에서 과도하게 긴장한다면 능력을 제대로 발휘할 수 없다. 신체적·정신적 이완을 통해 상황에 집중하면 상황판단→타이밍→대응방법의 전술적 움직임에 도움이 된다.

신체중심의 유지

여기에서 말하는 신체중심의 유지란 체조선수와 같은 절대적인 균형감각이 아니다. 현장에서 상대의 공격에 밀리지 않고, 내 힘을 상대에게 효과적으로 전달할 수 있을 정도를 의미한다.

신체중심 유지에서 가장 중요한 요소는 발의 움직임이다. 흔히 스텝step이라고 하는 발의 움직임을 통해 우리 몸은 균형을 유지하고, 상대로부터 벗어나거나 접근할 수 있다.

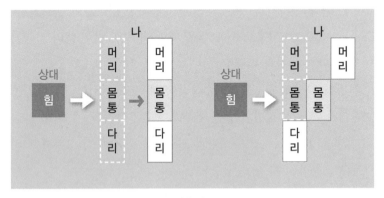

중심 이동

앞의 그림에서 알 수 있듯 상대가 힘이라는 외부 자극을 나에게 가했을 때 내 몸의 중심은 다리의 움직임을 통해 새롭게 형성되어 균형 잡힌 대응을 한다. 하지만 놀람과 공포로 인해 다리의 움직임이 먼저 이루어지지 않으면 상대의 힘에 의해 몸통과 머리 부분만 움직여 균형을 잃고 넘어진다.

상대의 하체를 양팔로 묶어 놓은 채 밀면 상대는 균형을 잃고 넘어진다. 상대의 힘에 대응하여 새로운 중심을 형성하기 위해서는 반드시 발의 움직임이 우선되어야 한다. 레슬링이나 종합격투기경기에서 자주 사용하는 태클이라는 기술도 바로 이런 원리를 이용한다.

평상시에는 발을 이동해서 중심을 잡는 일은 단순하고 당연하다. 그러나 상대가 칼을 든 채 공격해오거나, 갑자기 공격받는 극심한 스트레스 상황에서 가장 놓치기 쉬운 것이 발의 움직임이다.

상대의 무기에 집중하다보면 그것을 막기 위한 나의 상체 움직임에만 집중하여 중심을 잡기 위한 하체의 움직임은 관심 밖이 될 수 있다. 실제로 필자가 교육생들을 상대로 테스트하였을 때도 제자리에 서 있거나 당황해서 주저앉는 경우가 많았다.

중심 유지 과정은 움직임이 일어나는 매순간마다 계속적으로 행해져야 한다. 중심을 유지하지 못한 채 이루어지는 방어와 공격은 상대에게 무의미한 힘만 전달될 뿐이다.

반복의 힘

"첫술에 배 부르랴."

학교에 다닐 때나 직장생활을 하며 많이 들어본 말이다. 첫술에 배 부르지 않듯 무슨 일이든 단 한 번에 만족하기는 힘들다.

"내 몸을 지키기 위해 ○○ 체육관을 다니는데, 하루 경험해보니 나하고는 맞지 않다.", "△△ 종목을 직접해보니 너무 어렵고 실전적이지 않다."

주위에 이런 말을 하는 친구들이 한두 명씩은 있을 것이다. 그 친구들에게 ○○ 종목이 어려운 것은 당연하다. 처음 경험했기 때문이다. 자전거타기를 예로 들어보자. 자전거를 처음 타보는 사람은 뒤에서 잡아줘도 왠지 모르게 비틀거리고 옆으로 넘어지기를 반복한다. 이때 "자전거는 나하고 맞지 않아."라고 포기하면 그 사람은 평생 자전거를 타지 못한다.

그러나 처음에 비틀거리며 자전거타기를 반복 연습하다보면 어느 순간 능숙하게 움직일 수 있는 수준까지 발전한다. 그렇게 한번 익혀 두면 자신의 신체가 자전거타기라는 움직임의 패턴을 기억하기 때문에 오랜 세월이 지나 다시 타더라도 실력이 초보로 돌아가지 않는다.

이처럼 사람의 신체는 일정 기간 반복 학습이 이루어져야 뇌와 신경·근육의 연결고리가 자신이 원하는 움직임에 맞게 강화된다. 패턴화된 움직임은 상황이라는 조건을 만났을 때 반사적인 움직임으로 나온다. 움직임의 학습에는 공짜나 왕도王道가 없다.

전술적 움직임 또한 첫술에 배 부를 수 없다. 움직임에 대한 관심과 노력이 반복되어야 내 몸이 그것을 기억한다. 자전거타기와 같이 자신의 신체가 움직임의 패턴을 기억해야 상황 발생 시 신속하고 정확하게 움직일 수 있다. 선수와 일반인의 기량 차이는 선천적 능력이 같다는 가정하에 해당 움직임을 얼마만큼 반복했냐가 관건이다. 반복의 힘을 믿자!

"최상의 상황을 꿈꾸는 것처럼

최악의 상황에 대한 대비도 필요하다."

전술적 자기방어의 4단계

기승전결起承轉結

> 일어날 기起 ...... 이야기의 시작
>
> 이을 승承 ...... 본격적인 이야기로 이어짐
>
> 구를 전轉 ...... 갈등과 긴장의 최고조
>
> 맺을 결結 ...... 갈등 해소, 이야기 마무리

소설이나 영화의 스토리 전개는 기승전결의 방식으로 구성된다. 우리의 삶 속에서 벌어지는 각종 상황 역시 시작이 있고, 계속적인 진행과정, 그로 인한 갈등과 위기, 그리고 결말과 마무리라는 일련의 과정을 거친다.

전술적 자기방어의 4단계

자기방어가 필요한 상황 또한 그러하다. 단순히 '손목 잡혔을 때', '멱살 잡혔을 때' 등과 같은 상황별 테크닉 습득은 전체 중 한 부분에 불과하다. 테크닉이라는 부분적 이해만으로는 전체가 쉽게 이해되지 않고, 해결능력 또한 떨어진다.

험난하고 예측하기 힘든 시대를 살아가고 있는 현실을 감안한다면 테크닉의 단순한 암기보다 테크닉을 포함한 기승전결 방식의 자기방어를 이해할 필요가 있다. 이렇게 하여야 전체적인 이해를 통해 위기 상황 속에서도 당황하지 않을 사고의 틀을 형성할 수 있다.

상황에 따라 처음 즉 인지단계에서부터 현장을 벗어나게 되면 상황이 종결될 수도 있다. 그러나 현장에는 그런 최상의 시나리오만 존재하지 않기 때문에 전술적 자기방어 4단계인지단계, 진행단계, 제압단계, 인계단계를 잘 숙지하여 상황 해결에 도움이 되기를 바란다.

인지단계

인지단계는 두 가지로 나눌 수 있다. 상대로부터 공격을 받고 위험을 인지한 상황과 공격을 받지 않고 위험을 인지한 상황이다.

첫 번째 경우는 누군가 당신을 때리거나 걸어 찰 때 또는 당신을 밀치는 순간 자신이 공격받고 있음을 즉시 알 수 있다.

두 번째 경우는 아직 일어나지 않은, 앞으로 다가올 공격을 예상해야 하는 상황이다. 상대의 마음을 꿰뚫어보는 초능력을 갖고 있지 않은 이상 상대의 실제행동을 알기는 어렵겠지만, 이때에는 상대의 언어나 행동에서 나타나는 몇 가지 징후徵候를 가지고 판단해야 한다.

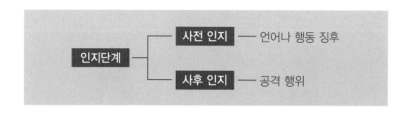

상대의 언어나 행동에서 나타나는 징후는 다음과 같다.
♟ 욕설이나 언어적인 공격을 하고 있는 경우
♟ 손을 주머니 속이나 뒤로 숨긴 채 다가오는 경우
♟ 손에 흉기나 기타 도구가 들려 있는 경우
♟ 대화 중 가방이나 주머니 속에 손을 넣는 경우
♟ 자신을 밀치는 등 신체적 접촉이 있는 경우
♟ 주위를 두리번거리며 공격기회를 찾고 있는 경우
♟ 눈을 자주 마주치며 공격기회를 찾고 있는 경우

위와 같은 징후를 보이는 사람들의 행동은 대부분 신체적인 공격으로 이어질 가능성이 높다. 현재 당신을 공격하고 있거나 공격할 우려가 있는 사람이 당신 앞에 있다면 당신은 일상 모드에서 전투 모드mode로의 전환이 필요하다. 즉 이렇게 모드 전환이 일어나는 단계가 인지단계이다.

인지단계에서는 평상시와 다른 행동변화가 일어난다. 양손을 자연스럽게 올려 상대의 공격에 대응하거나 도구를 사용하기 위한 준비를 하고, 하체는 양다리를 앞뒤로 벌린 방어적 대응자세를 통해 즉각적인 이동 및 신체의 균형을 잡을 수 있도록 한다.

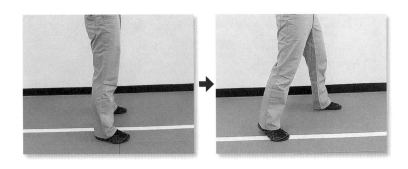

시선은 상대방을 포함한 주변의 환경을 자세히 살펴 자신을 둘러싼 위험요소를 판단해야 한다. 이런 판단을 통해 상대의 공격에 대응할 수 있는 방법을 결정해야 행동으로 자연스레 이어질 수 있다. 무엇이든 초기대응이 중요하듯 인지단계 또한 대응의 시작이자 생존확률을 높이는 중요한 단계이다.

진행단계

인지단계에서 생존이라는 옷을 입기 위해 첫 단추를 채웠다. 완전한 옷차림을 위해 다음 단추를 채우는 과정이 진행단계이다. 인지단계에서 첫 단추를 잘못 채웠다면 진행단계에서 허덕이게 되고,

단추를 다시 채울 여유 또한 없다.

진행단계는 상대와의 물리적인 충돌이 계속된다. 상대가 아무런 도구가 없는 맨손 상태라면 진행단계가 길어지더라도 신체적인 위험도는 그리 높지 않다. 그러나 상대가 칼이나 몽둥이와 같은 도구를 들고 있는 상태라면 진행단계가 짧으면 짧을수록 좋다이때 대응할 자신이 없다면 기회를 틈타서 재빨리 도망가는 것이 가장 현명하다.

만약 칼을 들고 있는 상대방과 계속된 몸싸움이 벌어지면 자신의 양팔을 비롯한 몸에는 칼에 베인 방어흔적이 남게 될 것이고, 계속된 출혈과 치명적인 상처로 인하여 좋지 않을 결과를 초래할 것이다. 때문에 도구를 들고 있는 상대에 대한 대응은 도구 제거에 집중되어야 한다. 자신의 소지품이나 주변의 도구를 적극 활용하면 보다 효율적으로 도구를 제거할 수 있을 것이다.

도구를 제거한 후에는 맨손 대 맨손의 대결이다. 이때에는 도구에 의한 치명적인 부상의 위험에서 벗어났으므로 상대를 적극적으로 밀어붙여 바닥에 눕히는 방법그라운드 상황으로 상대의 움직임을 제한해야 한다. 체격과 힘의 차이가 있는 상대일수록 스탠딩 상황보다 그라운드 상황이 상대를 제압할 때 좀 더 유리하다.

진행단계의 마지막은 상대가 순순히 자신의 공격의사를 포기하지 않은 이상 그라운드 상황으로 이어지게 되므로, 제압단계는 대부분 그라운드상황에서 시작된다.

진행단계에서 상대의 1차적인 위험을 제거한 다음 상대의 공격을 차단하기 위한 나의 적절한 공격이 들어가야 제압단계로 넘어갈 수 있다. 그것이 어렵다면 인지단계에서부터 도망갈 수 있는 방법을 찾아야 한다.

제압단계

우리나라의 법률상 타인에 대한 공격은 위법행위이고, 현재 나를 공격하고 있는 사람은 법적으로 현행범인이다. 현행범인은 경찰 등 수사기관뿐 아니라 누구든 영장없이 체포할 수 있다. 따라서 제압단계에서 상대의 움직임을 제한하는 나의 행위는 법률상 체포행위에 해당한다고 볼 수 있다.

【형사소송법】

제211조(현행범인과 준현행범인)

① 범죄의 실행 중이거나 실행의 즉후인 자를 현행범인이라 한다.

② 다음 각 호의 1에 해당하는 자는 현행범인으로 간주한다.

    1. 범인으로 호칭되어 추적되고 있는 때

    2. 장물이나 범죄에 사용되었다고 인정함에 충분한 흉기 기타의 물건을 소지하고 있는 때

    3. 신체 또는 의복류에 현저한 증적이 있는 때

    4. 누구임을 물음에 대하여 도망하려 하는 때

제212조(현행범인의 체포)

현행범인은 누구든지 영장없이 체포할 수 있다.

제압단계는 이전 단계와 다르게 물리적인 충돌이 없는 소강小康 상황이다. 상대를 땅바닥에 눕혀 자신이 유리한 위치에서 누르고 있는 등 상대와의 몸싸움에서 다행히 살아 남았지만 위험은 여전히 존재하고 있으므로 절대 긴장의 끈을 놓아서는 안 된다.

주위에 도움을 요청할 지원군이 있다면 혼자 제압하는 것보다 함께 제압하는 방법이 가장 효율적이다. 그다음 즉시 경찰에 신고한다. 직접 신고할 수 없다면 주변 사람에게 신고를 요청하여 제압단계가 길어지지 않도록 해야 한다.

제압단계는 짧을수록 좋고, 즉시 주위의 도움을 받아야 한다.

주변에 상대방이 사용하던 도구가 떨어져 있다면 다른 사람들로
하여금 위험요소를 제거하여 안전조치를 취하도록 부탁한다. 그리
고 일행에 의한 보복 공격에 대비하여 주변을 잘 살피는 일 또한
자신의 안전을 위해 필요하다.

제압단계에서는 상대의 저항을 완전히 차단하기 위해 수갑을 사
용한 체포행위나 감금 등의 방법을 사용하기도 한다. 이것은 차후
법적인 시비가 있을 수 있으니 주의가 요구된다. 제압단계에서는
폭행 등 공격행위를 해서도 안 된다.

인계단계

인계단계는 전술적 자기방어의 마지막 단계이자 상황 종료를 위한 중요한 단계이다. 인계단계를 소홀히 하면 상대방에 의해 또 다른 공격을 받게 될 뿐만 아니라, 쌍방폭행의 당사자로 경찰 조사를 받아야 하는 어처구니없는 상황을 겪을 수도 있다. 인계단계가 제대로 이루어져야 상황이 해결되었다고 할 수 있으므로 끝까지 긴장의 끈을 놓아서는 안 된다.

【형사소송법】

제213조(체포된 현행범인의 인도)

① 검사 또는 사법경찰관리 아닌 자가 현행범인을 체포한 때에는 즉시 검사 또는 사법경찰관리에게 인도하여야 한다.

② 사법경찰관리가 현행범인의 인도를 받은 때에는 체포자의 성명, 주거, 체포의 사유를 물어야 하고 필요한 때에는 체포자에 대하여 경찰관서에 동행함을 요구할 수 있다.

인계단계의 시작은 경찰관의 현장 도착으로부터 시작되고, 제압단계는 경찰관에게 인계하는 시점에서 종료된다. 경찰관이 현장에 도착한 이상 자신이 주도적으로 나서서 방어할 부분은 없다. 그러나 상대와 당신은 상황의 당사자로서 경찰서까지 동행해야 하기 때문에 갑작스런 보복성 공격 등 만일의 상황에 대비한 경계 상태는 계속 유지해야 한다.

인계단계에서는 신체적 움직임보다 상황에 대한 마무리가 중요
하다. 현장에 도착한 경찰관에게 1차적으로 상황을 간략하게 설명
하고, 목격자를 확보하여 자신의 진술에 신빙성을 주는 것이 상황
해결을 위해 필요하다.

자신이 피해자가 되느냐 가해자가 되느냐 하는 법적인 판단은
블랙박스, CCTV, 스마트폰 영상 등 객관적인 영상자료나 목격자
진술이 결정적 역할을 하므로 인계단계에서 주변을 잘 둘러보기
바란다. 물론 경찰관들이 객관적 사실 관계에 대해 확인하겠지만,
스스로도 관심을 가지는 섬세함이 필요하다.

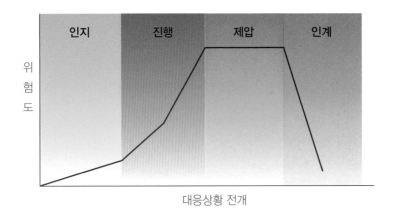

인지단계에서부터 인계단계까지 전술적 자기방어의 4단계를 대
략적으로 알아보았다. 전술적 자기방어의 4단계는 마치 하나의 작

품과 같다. 시작에서부터 결론에 이르기까지 자신이 주인공이 되어 이야기를 이끌어가야 한다. 상황에 따라서는 도망갈 기회가 있을 경우 4단계를 모두 거치지 않더라도 이전 단계에서 결론이 나는 경우도 있을 것이다. 이런 경우만을 생각해서 무조건 도망가버리는 잘못을 범해서는 안 된다.

도망가는 방법이 최고라고 그 방법을 모든 상황에 획일적으로 적용할 수는 없다. 도망도 하나의 옵션일 뿐 상황 해결을 위한 만능키는 아니기 때문이다. 전체를 이해하고 있는 사람이 부분에 대해 접근하는 것과 부분만 알고 있는 사람이 전체를 이해하는 것은 다르다. 귀찮고 머리 아프더라도 전체 단계를 이해한 후 상황에 맞게 적용해야 한다.

상대로부터 벗어나는 것이 목적이라면 현재 어느 단계에 위치하고 있든 인계단계는 굳이 도망갈 필요가 없을 것이다. 도망갈 기회를 찾으면 된다. 또 대응을 통한 제압이 목적이라면 마지막 단계인 인계단계까지 절대 방심해서는 안 된다.

"왜 자기방어를 해야 하는가?

어떻게 자기방어를 해야 하는가?

자기방어란

두 가지 질문에 대한 답을 찾는 과정이다."

3

———

어떻게 전술적으로 움직일 것인가

범죄 현장과 상황

★

현장의 의미와 중요성

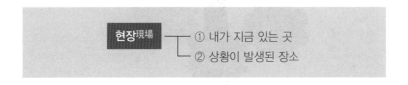

현장現場 ── ① 내가 지금 있는 곳
          ── ② 상황이 발생된 장소

사람은 환경 속에 존재하고 환경의 영향을 받으며 살아가므로 생존을 위해서는 내가 처한 환경을 이해해야 한다. 군대 생활을 예로 들겠다. 일상 환경에서 벗어나 훈련과 내무생활이라는 규칙적이고 상하관계가 확실한 환경에 놓이면 그동안의 생활방식은 뒤로하고 군대문화에 젖어든다. 그래서 군대라는 환경에 대한 이해가 빠른 사람은 그만큼 빨리 적응하고, 환경에 저항하는 사람은 적응이 쉽지 않다.

마찬가지로 각종 위험에 맞서 효율적으로 자기방어를 하기 위해서는 나를 둘러싼 환경, 즉 현장에 대한 이해가 필수다. 체육관에서 테크닉 연습도 중요하지만, 먼저 현장을 이해해야 자신이 움직여야 할 기준이 잡히고, 그 기준을 통해 필요한 테크닉이 가지처럼 뻗어나간다.

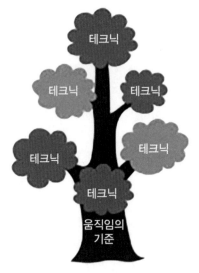

현장에 대한 이해

현장에 대한 이해가 나무의 뿌리라면 움직임의 기준이 되는 원리
와 원칙은 줄기이고, 테크닉은 그런 줄기에서 뻗어 나온 가지이다.

그럼 우리가 살아 숨쉬고 활동하고 있는 현장은 어떤 곳일까?

우리는 하루에도 몇 번씩 이동하며 다양한 공간 속에서 생활한
다. 집을 나와 거리를 걷고, 자동차 · 버스 · 지하철 · 비행기 등 교
통수단을 이용하며, 상점 · 빌딩에 있거나, 엘리베이터 · 에스컬레
이터 · 계단을 이용하기도 한다.

이처럼 우리가 지금 생활하고 있는 공간이 바로 현장이고, 상황
은 바로 다음과 같은 현장에서 발생된다.

- ♟ 교통수단
- ♟ 공중화장실
- ♟ 노상/지하주차장
- ♟ 골목 및 도로
- ♟ 공원, 산
- ♟ 엘리베이터, 에스컬레이터
- ♟ 복도, 계단

위에 열거한 장소에서 알 수 있듯 체육관처럼 푹신한 매트가 깔린 아늑한 공간과 달리 우리가 사는 곳은 변수가 많은 차갑고 거친 공간이다. 때문에 체육관을 벗어났을 때 나의 움직임은 제한되고, 나를 위협하는 위험요소가 주위에 산재되어 체육관에서 훈련한 움직임을 현장에 그대로 적용하는 것은 거의 불가능하다. 그렇다고 연습을 화장실이나 계단, 엘리베이터에서 하라는 얘기는 아니다.

현장에 대한 생각을 한 번이라도 해보고 자기방어에 대한 사고의 폭을 넓혀야 한다. 주차장은 어떤 곳이니 내가 어떻게 움직여야 하고, 화장실은 어떤 곳이니 어떤 점에 유의해야 하는지를 한 번이라도 생각해본 사람과 아닌 사람은 결과에서 차이가 날 수밖에 없다. 현장에서 당황하지 않는 방법은 현장의 이해에서부터 시작된다.

"자기방어에 대한 답은 현장에 있다.
현장을 알면 문제가 보이고
문제를 알면 답 또한 보인다."

위협과 공격

"상황 발생!"

군대에서 상황 발생 사이렌이 울리면 군인들이 발 빠른 동작으로 망설임없이 움직이는 모습을 본 적이 있을 것이다. 이것은 갑작스런 상황에 대응하기 위한 반복훈련의 결과이다. 자기방어가 필요한 상황도 군인들의 움직임처럼 즉각적인 판단과 조치가 요구된다.

상황 발생은 언제나 상대의 행위로부터 시작된다. 내가 유발한 싸움은 자기방어라기보다 폭력행위에 해당하므로 여기에서는 상대의 위법행위에 중점을 둔 상황에 대해 얘기하고자 한다. 자기방어가 필요한 상황의 시작을 알리는 상대의 접근방식은 크게 두 가지이다. 하나는 위협행위이고, 다른 하나는 공격행위이다.

위협행위와 공격행위의 차이는 물리적인 접촉의 유무로 나눌 수도 있으나, 자기방어적 측면에서 보면 대응시간과 거리의 차이를 뜻한다. 즉 시간상으로나 거리상 이점이 있는 경우가 위협상황이고, 반대의 경우를 공격상황으로 이해하면 된다. 그리고 각 상황은 흉기 소지 여부에 따라 단순상황과 흉기상황으로 나뉘고, 공범유무 및 흉기 종류에 따라서도 세부적으로 나뉜다. 세부적 상황 설명은 이후 이어지는 글에서 하도록 하고 여기에서는 생략한다.

상황이 항상 서 있는 상태로 고정되어 펼쳐지는 것은 아니다.

위협행위든 공격행위든 서 있는 상태, 근거리에서 맞잡고 있는 상태 또는 바닥에 뒤엉켜 누워 있는 상태에서 진행되기도 한다. 따라서 확장된 상황 개념을 가지고 접근해야 보다 효율적이고 원활한 자기방어를 할 수 있다.

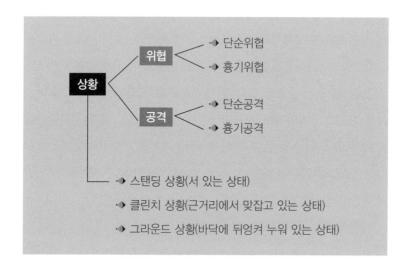

위협과 공격은 구분이 모호할 정도로 긴박한 경우도 있고, 충분한 준비와 대응이 가능할 정도로 여유가 있는 경우도 있다. 그래서 위협과 공격을 굳이 구분하지 않고 하나로 합쳐 상황을 설명해도 되지만, 여기에서는 상황에 대한 명확한 이해와 그에 따른 대응방법, 법적인 한계에 대한 사고의 틀을 마련하고자 구분하였다.

위협상황

"죽여버리겠다!"
"너같은 애들은 사라져야 해!"
"내가 너를 묻어버리겠다!"

위협威脅이란 상대방이 말이나 행동으로 협박하고 있는 상황으로, 폭력행위가 일어나기 전 단계로 이해하면 된다. 여기에서 위협의 주체는 나를 싫어하거나 폭력성이 강한 사람들이다. 따라서 처음부터 폭력 의도를 가지고 나에게 접근하였으므로 말로써 상대를 이해시키려 해서는 안 된다. 이미 말이나 행동으로 폭력을 예고하여 긴장감이 높아진 상황에서 언어적인 대응을 해봤자 그리 도움이 되지 않고, 상대를 더 자극할 뿐이다.

상대는 나와 논쟁을 하고자 내 앞에 서 있는 것이 아니다. 언어적 대응을 하기보다 이후 행위에 대한 대응 준비를 하거나 도망을 가거나 둘 중의 하나를 선택해서 실행에 옮겨야 한다. 내 입장에서 상대가 보여주는 위협행위는 폭력의 경고 신호와 같다.

위협이라는 신호를 무시하고 대응하면 갑작스런 상대의 공격에 당황할 수밖에 없다. 따라서 상대가 나에게 보내는 신호를 무시하지 말고 적극적으로 반응해야 생존의 기회를 잡을 수 있다.

공격상황

공격행위는 위협행위와 다르게 갑작스럽게 이루어진다. 갑작스럽다는 말은 내가 대응할 준비를 할 수 없음을 의미한다. 길을 걷다가 갑자기 칼을 휘두르는 「묻지마범죄」와 같은 공격행위가 그 예인데, 이 경우 사전 예측이 힘들고 그 대응 또한 긴박할 수밖에 없다. 1차 공격의 충격에서 빨리 벗어나지 못하면 상대의 계속된 공격에 의해 자신이 입는 대미지damage는 쌓여만 가고, 결국 상대의 공격에 순응하게 된다.

공격행위는 형태, 대상, 도구에 따라 다음과 같이 세부적으로 나눌 수 있다.

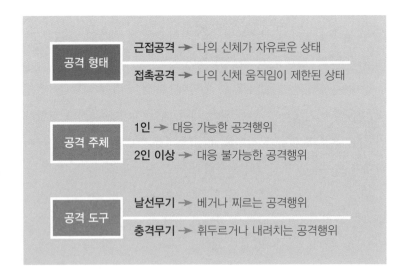

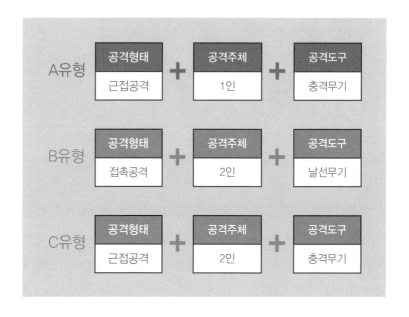

상대의 공격행위가 어떠한 형태로 이루어지고 있고, 공격 주체가 몇 명인지, 어떤 도구를 사용하고 있는지에 따라 나의 대응방식이 달라진다. 예를 들면 A유형이 B유형에 비해 위험도가 낮고 현장에서 벗어나기 쉬운 형태라면, C유형은 A유형에 비해 위험요소가 하나 더 추가된 형태이다. 그리고 B유형과 C유형은 공격 주체는 동일하나 공격형태와 공격도구가 다르므로 접근법도 달라야 한다.

예로든 세 가지 유형 외 다양한 조합에 따라 많은 유형이 나올 수 있는데, 일관된 대응방식으로는 상황을 해결할 수 없다. A유형에서 통했던 방식이 B유형에서는 당연히 통하지 않는다. 따라서 현재상황에 맞는 해결방식이 필요하다.

대응상황의 전개

현장에서 상대와의 대응상황은 크게 3단계로 구분한다. 모두 서
있는 형태인 스탠딩standing 상황, 근거리에서 맞잡고 있는 형태인
클린치clinch 상황, 바닥에 뒤엉켜 누워 있는 형태인 그라운드ground
상황이다.

대응상황은 대응의 시간적 흐름에 따라 스탠딩 상황에서 클린
치 상황 또는 그라운드 상황으로 흘러가기도 하지만, 개인의 능력
이나 도구 사용에 따라 스탠딩 상황 또는 클린치 상황에서 상황이
종결되기도 한다. 그리고 그라운드 상황에서 스탠딩 상황으로, 클
린치 상황에서 스탠딩 상황으로 바뀔 수 있는 등 상황 전개에 따라
대응상황은 가변적이다.

자기방어의 초심자는 익숙하지 않은 클린치 상황이나 그라운드
상황으로 갈수록 대응의 위험도가 높아진다. 따라서 스탠딩 상황
에서 상황을 종결하는 것이 보다 유리하다. 부득이 그라운드 상황

으로 가게 되었다면 부족한 힘으로 벗어나려고 하기보다체격이나 근력 차이가 날수록 상황은 더 심각하다 상대의 취약한 부분을 공격하거나, 도구를 이용하거나, 주변에 도움을 요청하는 등 상대의 예측에서 벗어난 행위를 통해 생존의 기회를 얻는 방법이 보다 효율적이다.

세 가지 상황 중 어떤 상황이 당신 눈앞에 벌어질지는 아무도 모르고, 당신에게는 선택권이 없다. 상황을 컨트롤하는 능력자가 아닌 이상 상대의 공격에 따라 상황이 자연스레 연출될 뿐이다.

1단계 스탠딩standing 상황

스탠딩 상황은 가장 일반적인 상황으로, 상대와 마주보고 서 있는 형태이다. 통상 상대가 주먹이나 발로 나를 공격할 수 있는 거리에서 이루어진다. 이 경우 상대의 행위를 쉽게 방어하거나 대응할 수 있어 움직임에 대한 선택의 폭이 비교적 넓다.

스탠딩 상황은 상대를 제압하거나 상대로부터 벗어날 수 있는 기회가 있고, 물리적인 접촉이 거의 발생하지 않기 때문에 비교적 나의 신체가 자유로운 단계이다. 스탠딩 상황일 때 초심자는 정면 대응을 통한 제압보다 현장에서 벗어나는 방법을 택하는 것이 좋다. 도망가는 자신이 비겁하고 약하게 느껴지는 것과 자기방어와는 별개의 문제이기 때문이다.

이와 반대로 상대의 공격에 대응해야 하는 상황이라면 즉각 전투 모드로 전환해야 한다. 상대가 손에 흉기를 들고 있다면 자신

또한 스탠딩 상황에서 사용할 도구를 준비해야 한다. 도구를 준비
할 때는 스탠딩 상황이 다른 상황에 비해 시간적으로나 공간적으
로 여유가 있다. 그리고 도구 세팅은 상대가 눈치 채지 못하게 해
야 효율적으로 사용할 수 있다. 만약 휴대하고 있는 도구가 없다면
현장에서 활용 가능한 도구를 즉시 물색하여 상대를 그쪽으로 유
인하는 것도 하나의 방법이다.

　스탠딩 상황은 다른 상황에 비해 대응의 여유가 있는 만큼 불필
요한 시간 낭비를 줄이고 적극적으로 대응 준비를 해야 한다. 준비
된 자만이 상황을 유리하게 이끌어갈 수 있다.

2단계 클린치|clinch 상황

클린치 상황은 상대와 부둥켜안고 있는 상황으로, 스탠딩 상황보다 근접한 형태에서 이루어지는 대응상황이다. 상대와의 부딪침에 익숙하지 않은 일반인들이 부담스럽게 느껴질 수도 있는 자세이지만, 부담스럽다고 상대의 힘에 자신의 몸을 순순히 맡겨서는 안 된다.

클린치 상황에서는 나의 움직임이 스탠딩 상황보다 자유롭지 않지만, 머리·팔꿈치·무릎과 같은 강력한 부위를 이용한 대응행위가 가능하고, 눈 찌르기, 물기, 낭심 치기 등 내가 활용할 수 있는 자기방어 옵션도 다양하다.

클린치 상황에서 상대를 공격하면 스탠딩 상황으로 전환도 가능하다. 상대를 제압할 목적이 아니라면 언제든 현장에서 벗어날 타이밍을 찾아야 한다상대가 타이밍을 주지 않으면 변칙적 대응으로 내가 타이밍을 만들어야 한다. 그리고 제압이 목적이라면 상대의 목이나 상체를 강하게 압박하거나 태클과 같은 방법으로 하체를 공략하는 등 그라운드 상황으로 이끌어가기 위한 전술적 행동이 필요하다.

서로의 중심이 살아 있는 클린치 상황에서 상대를 완전히 제압하는 것은 최강의 근력을 가지고 있지 않는 한 어려운 일이다. 제압하기 위해서는 어쩔 수 없이 그라운드 상황으로 가야 한다. 클린치 상황에서 그라운드 상황으로 자연스럽게 이어갈 수 있는 연습이 있어야 앞으로 이어질 그라운드 상황에서도 당황하지 않는다.

3단계 그라운드ground 상황

자의든 타의든 대응상황의 마지막은 항상 그라운드 상황으로 향한다. 그라운드 상황은 주짓수, 유도, 레슬링 등 그라운드 계열의 격투기에 숙련된 능력자가 아니라면 가장 최악의 상황이다. 땅바닥에 상대와 뒤엉켜 있는 상황이므로 나의 생존확률은 앞 2단계 상황에 비해 그리 높지 않다. 또한 내가 활용할 수 있는 자기방어 옵션 역시 제한적이다.

그라운드 상황에 능숙한 격투가라면 문제 없겠지만, 일반인의 경우는 바닥에 깔리는 순간 당황하여 밑에서 발버둥치다 결국 자신의 힘을 다 써 버린다.

만약 그 상황에 처한다면 무의미하게 발버둥치는 것보다는 크게 소리쳐서 주위에 자신의 위험을 알리고, 비교적 움직임이 자유로운 신체부위를 이용하여 상대의 민감한 부위를 강력하게 공격해야 그라운드 상황에서 벗어날 수 있는 기회가 생긴다.

상대가 자신의 위에 있는지 아래에 있는지에 따라 대응방법도 다양하다. 이를 제대로 활용하기 위해서는 맨투맨 연습을 통해 직접 느껴보아야 한다. 머리가 기억하는 움직임과 몸이 기억하는 움직임은 대응 측면에서 확연한 차이가 있기 때문이다.

지금까지 스탠딩 상황, 클린치 상황, 그라운드 상황에 대해 간략히 알아봤는데, 일반인의 입장에서 대응상황의 전개를 모두 경험할 필요는 없다. 굳이 상대를 제압해야 할 의무가 없는 일반인의 경우에는 현재 자신이 어떤 상황에 위치하고 있든 현장을 벗어날

구 분	스탠딩 상황	클린치 상황	그라운드 상황
위 험 요 소	킥 또는 펀치	머리, 팔꿈치, 무릎 등으로 근접 타격	목 조르기, 꺾기 등 치명적인 공격
신 체 활 용	자유로움	비교적 자유로움	제한적 움직임
대 응 방 법	1.현장을 벗어날 타이밍을 찾거나 상대의 취약부위를 공격함. 2.상대를 그라운드 상황으로 이끌어 완전히 제압함.		

타이밍을 찾아야 한다. 만약 타이밍이 좀처럼 보이지 않는다면 과
감히 상대의 취약 부위를 공략하여 스스로 타이밍을 만드는 움직
임에 집중해야 한다.

이와 반대로 상대를 제압하는 것이 목적이라면 이에 대한 연습
이 반드시 선행되어 있어야 한다. 전혀 연습하지 않고 자신의 힘에
의존하여 상대를 제압하려면 불확실한 결과를 가져올 수밖에 없
다. 무슨 상황에서 어떤 상대를 만날지 아무도 모르기 때문이다.

스스로 판단했을 때 3가지 상황에 대처할 자신감이 없다면 뒤도
돌아보지 말고 적극적으로 현장을 벗어나자!

"상황을 주도적으로 이끌어갈 것인가,
상대의 힘에 의해 끌려갈 것인가는
평소 자신이 어떤 준비를 했는지에 달려 있다."

흉기 상황

> **흉기**|凶器
> 사람을 죽이거나 해치는 데 쓰는 도구
>
> 출처 : NAVER 국어사전

우리나라 형법은 흉기나 위험한 물건을 휴대하거나 사용한 범죄에 대해 가중처벌을 하고 있다. 흉기는 사람의 생명이나 신체에 위해를 가할 수 있는 물건이기 때문이다.

현행 법률에서 어떤 것이 흉기인지 구체적인 예는 들지 않았지만, 같은 도구라도 범죄에 이용되었다면 이후 법적 판단이나 사회적 통념에 의해 흉기나 위험한 물건으로 취급한다.

【형법】

제260조(폭행, 존속폭행)

① 사람의 신체에 대하여 폭행을 가한 자는 2년 이하의 징역, 500만 원 이하의 벌금, 구류 또는 과료에 처한다.

② 자기 또는 배우자의 직계존속에 대하여 제1항의 죄를 범한 때에는 5년 이하의 징역 또는 700만 원 이하의 벌금에 처한다.

제261조(특수폭행)

단체 또는 다중의 위력을 보이거나 위험한 물건을 휴대하여 제260조 제1항 또는 제2항의 죄를 범한 때에는 5년 이하의 징역 또는 1천만 원 이하의 벌금에 처한다.

※ 폭행행위로 사람의 신체를 상해하거나 사망에 이르게 했을 때 죄가 가중됨.

그렇다면 어떤 것을 흉기라 말할 수 있는가?

태생이 흉기인 것은 군인들에 의해 살상 목적으로 사용되는 총, 칼, 손도끼 등이다. 우리가 일상생활에서 흔히 보는 칼은 음식을 조리하기 위한 용도인데, 도구의 특성상 범죄자가 흉기로 사용할 뿐이다.

요리사가 들고 있는 칼과 범죄자가 들고 있는 칼의 운명은 도구의 특성이 아닌 사용자의 의도에 따라 결정된다. 음식을 만들기 위해 사용되는 요리사의 칼은 옆에 있더라도 어떠한 위험을 느끼지 못하지만, 범죄자가 들고 있는 칼은 멀리서 보더라도 도구에서 전해지는 압박감과 공포감에 사로잡히게 된다.

공격이나 범죄 목적
— 흉기나 위험한 물건

일상적 사용 목적
— 유용한 도구

우리 주위에 흉기나 위험한 물건으로 취급되는 것은 칼뿐만 아니라 망치, 송곳, 도끼, 낫, 톱, 각목 등 누가 보더라도 흉기로 취급받는 도구가 있다. 또한 칫솔, 볼펜, 신용카드, 열쇠, 젓가락 등 어떤 목적으로 사용하느냐에 따라 흉기나 위험한 물건이 될 수 있는 생활용품도 있다.

#1   한 사람이 테이블에 앉아 손에 젓가락을 든 채 밥을 먹고 있다. 젓가락은 평소 흉기로 취급되지 않는 물건이기에 경계를 풀고 그 사람에게 접근한다. 갑자기 그 사람이 손에 들고 있는 젓가락으로 나의 목을 찌른다.

#2   손에 노트와 불펜을 들고 필기하고 있는 사람이 있다. 경찰관이 불심검문을 위해 그 사람에게 접근한다. 건네받은 신분증을 확인하려고 고개를 숙이는 순간 들고 있던 볼펜으로 경찰관의 눈을 찌른다.

#3   한 손에 스마트폰을 든 채 낯선 사람이 나에게 다가온다. 나의 이름을 묻더니 들고 있던 스마트폰으로 나의 머리를 가격한다.

세 가지 사례 모두 상대가 들고 있던 물건이 흉기가 아니라고 판단하고 대응했기에 발생된 문제이다. 흉기의 범위는 내가 정하는 것이 아니라 범죄자에 의해 정해지기 때문에 상대가 어떤 물건을 들고 있으면 흉기에 준한 대응방법이 필요하다.

흉기에 대한 기본적인 대응방법은 다음과 같다.

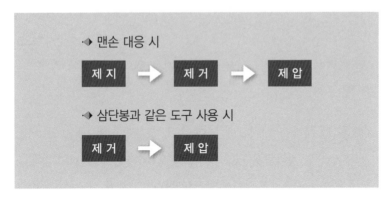

흉기의 대응 단계

제지 단계

제지는 상대의 행동을 일시적으로 차단하는 행위이다. 체육관에서 흔히 배우던 막기 동작은 숙달되지 않은 사람들에게는 추천하지 않는다. 흉기를 든 상대의 손은 잠시도 쉬지 않고 움직이기 때문이다.

흉기 상황에서는 상대의 연속적 움직임을 차단하는 것이 자신의 첫 번째 임무이다. 상대의 팔을 나의 양팔을 이용하여 차단함으로써 더 이상의 공격 진행이 불가능할 정도로 압박한 후 다음 동작을 진행해야 한다.

특히 맨손으로 상대의 흉기에 대응할 때 필수적인 단계가 제지 단계이다. 그러나 삼단봉과 같은 도구를 이용할 때에는 제지 단계

를 생략하고 자신의 도구로 상대의 흉기를 제거하는 단계가 우선
되기도 한다.

제거 단계

제지 단계에서 흉기를 든 손을 차단했다면 제거 단계에서는 흉기
를 상대의 손에서 완전히 제거해야 한다. 흉기를 제거하지 못한 채
다른 동작들이 이루어지면 상대는 언제든지 흉기를 이용하여 당신을
공격하고, 당신의 신체에 심각한 상처를 입힐 수 있다.

제거 단계 또한 신속 정확한 동작이 요구된다. 만일 미숙한 동
작으로 흉기 제거에 실패하면, 상대방의 흉기를 뺏으려는 자신의
의도가 노출되어 흉기 제거가 힘들게 된다. 따라서 제지와 제거가
거의 동시에 이루어져야 효과적인 움직임이 된다. 제거방법은 맨
손을 이용하든 도구를 이용하든 상관없이 상대가 흉기를 놓을 정
도의 과감한 동작이 필요하다.

제압 단계

제압 단계는 상대의 흉기를 제거한 후 더 이상의 움직임을 차단
하기 위한 최종 단계이다. 하체 부위 제압보다는 상체 부위, 특히
머리 주변부 제압이 상대를 압박하기 좋은 포인트이다. 사람의 신
체구조상 바닥에 누운 상태에서 몸을 일으키기 위해서는 상체의
움직임이 먼저 일어나기 때문에 상체 부위의 제압을 통해 상대의

움직임을 제한할 수 있다. 만약 도와줄 파트너가 있다면 주변에 떨어진 흉기에 대한 안전조치를 취하거나 하체 부위를 제압함으로써 압박 강도를 강화한다.

> 제압은 스포츠 경기처럼 관절기나 조르기를 한다고 끝이 나는 것이 아니다. 제압의 끝은 경찰관에게 인계할 때이다. 따라서 혼자보다는 주위 사람들과 같이 제압하는 것이 자신의 안전을 위해 효율적이다.

흉기에 대한 대응은 안전과 제압이라는 두 가지 목적을 달성하기 위해 신속하고 정확해야 한다. 공방의 시간이 흐르면 흐를수록 나의 체력은 급격히 저하되고, 신체적 손상은 늘어만 가므로 나에게 불리하다. 무엇보다 도망을 갈 수 있는 상황이 아니라면 흉기 제거가 가장 우선되어야 한다. 제거가 힘들 때는 흉기를 든 상대의 손을 자신의 양팔로 강하게 압박하여 2차 행동을 하지 못하도록 하는 제지가 중요하다.

가능하면 흉기 대 맨손 상황으로 대응하는 것보다 흉기 대 도구 상황으로 대응하는 방법이 안전과 제압이라는 목적 달성에 효율적이다. 여기에서 말하는 도구란 삼단봉을 비롯한 호신용품, 가방과 같은 자신의 휴대품, 의자·막대기와 같이 주위에서 구할 수 있는 도구 등이다.

한 가지 주의할 점은 상대가 흉기를 들었다고 해서 나도 칼이나 망치 등과 같은 흉기를 들고 대응해서는 안 된다는 것이다. 칼 대 칼은 나이프 파이팅_{군인들이 살상목적으로 훈련하는 것}이 될 뿐 정당방위에 해당하지 않는다. 현장은 누굴 반드시 죽이고 내가 살아야 하는 전시상황이 아니므로 도구 선택과 사용은 신중하게 생각해야 한다.

"흉기의 범위를 당신이 결정해서는 안 된다.
상대가 어떤 도구로 당신을 위험에 빠지게 할지
아무도 모른다."

대응방법의 기초

대응의 골든타임

> 비행기에서 비상대피를 위한 운명의 90초
> 심정지 후 환자의 생존을 위한 기적의 4분

화재나 대피, 응급구조 상황에서만 골든타임golden time이 존재하는 것이 아니라, 자기방어 상황에서도 생존을 위한 골든타임이 있다. 상대에게 완전히 제압당하여 더 이상의 방어가 힘든 상황에서 생존하기는 매우 어렵다. 상대가 공격을 시작한 순간, 상대의 1차 공격을 피한 순간, 나의 대응에 상대가 멈칫한 순간 등 생존을 위한 골든타임은 충분한 판단이 일어나기 힘든 극히 짧은 순간이다.

초기대응은 상대가 나의 의도를 미처 알지 못한 상황에서 상대의 민감한 부위를 공격하거나 호신용품을 사용하면 가장 큰 효과를 볼 수 있다. 그러나 초기대응에 실패하면 상대의 공격은 더 거칠어지고, 초기대응과 동일한 형태의 대응은 더 이상 상대에게 통하지 않게 된다.

대응을 위한 골든타임은 초기대응이 가장 효과적이다. 나의 공격에 상대가 주춤한 순간, 상대의 공격을 피한 순간 등 순간의 기회를 놓치지 말고 활용할 수 있어야 한다. 상황은 너무나 빠르게 진행되므로 순간의 타이밍을 놓치면 두 번 다시 기회가 없을 수 있기 때문이다.

골든타임을 놓치지 않기 위해서는 어떻게 해야 할까? 앞서 애기한 전술적 사고방식을 바탕으로 전술적으로 움직여야 한다. 정신적·신체적으로 준비되어 있으면 나의 움직임은 빠를 수밖에 없고, 어떻게 움직여야 하는지 내 몸이 기억하고 있으면 불필요한 시간과 에너지 낭비없이 효율적 대응이 가능하다.

대응방법의 한계

인간의 움직임은 법률에 의해 평가 받는다. 그 움직임이 합법적이냐 불법적이냐는 미리 정해 놓은 법률에 근거해서 판단한다.

그러나 상대의 공격행위를 방어할 때 어느 정도의 대응을 해야 하는지에 관해서는 명확한 법적 기준이 없다. 자신의 생존을 위협하는 급박한 상황에서 경찰청이 제시한 「정당방위 처리 요건」 p.151~152 참조과 사회통념이라는 일반적 조건에 적합한 행위를 하기란 일반인의 입장에서 쉬운 일이 아니다.

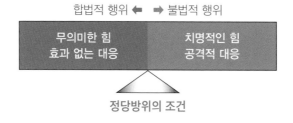

합법적 행위 ← → 불법적 행위

무의미한 힘 효과 없는 대응	치명적인 힘 공격적 대응

정당방위의 조건

앞의 그림과 같이 자신의 방어행위를 너무 합법적인 행위에 치중하면 상대에게 아무런 영향을 주지 못하는 무의미란 행위가 될 뿐이다. 반대로 너무 불법적인 행위에 치중하면 상대에게 충분한 효과는 주겠지만, 차후 법적인 책임을 져야 하는 부담이 있다.

따라서 불법과 합법의 균형을 유지할 수 있는 대응법이 가장 효과적이고 지향해야 할 방법인데, 과연 어느 정도의 대응을 말하는 것일까?

두 가지 판례를 예로 들어 알아보기로 한다.

♟ 건강한 젊은 남자 2명이 인적이 드문 심야에 혼자 귀가 중이던 가정주부의 뒤로 달려들어 그녀의 양팔을 붙잡고 어두운 골목길로 끌고 들어가 담벽에 쓰러뜨린 후 음부를 만지자 반항하는 그녀의 옆구리를 무릎으로 차는 등의 폭행을 가하면서 키스를 하려고 하자 양팔이 붙잡힌 상태에서 발버둥을 치면서 가정주부로서의 정조와 신체의 안전을 지키려는 일념으로 엉겁결에 추행자의 혀를 물어뜯게 되었다면, 이는 자신의 성적 순결 및 신체에 대한 현재의 부당한 침해를 방어하기 위한 상당한 행위로서 정당방위에 해당한다.

대구고등법원 1989. 1. 20. 선고 88노512 형사부 판결

♟ 이혼소송 중인 남편이 찾아와 가위로 폭행하면서 변태적 성행위를 강요하는 데에 격분하여 처가 칼로 남편의 복부를 찔러 사망에 이르게 한 경우, 그 행위는 정당방위나 과잉방위에 해당하지 않는다.

대법원 2001. 5. 15. 선고 2001도1089 판결

두 판례 모두 공격받고 있는 사람은 여성이고 누가 봐도 위험한 상황이다. 그리고 대응방법의 차이로 한 사람은 피해자가, 다른 한 사람은 가해자가 되었다.

공격자의 공격행위에 대응한 나의 방어행위가 형법 제21조의 정당방위로 성립되기 위해서는 단순히 그 행위의 방법, 즉 칼로 찌른 행위, 혀를 물어뜯은 행위 자체만을 보고 판단하지 않는다. 법원은 일체의 구체적 사정공격자의 공격행위로 인하여 침해되는 법익의 종류·정도, 침해의 방법, 침해행위의 완급과 방어행위에 의하여 침해될 법익의 종류·정도 등에 대한 고려와 함께 방어행위가 사회적으로 상당한 방법이었을 때 정당방위로 인정하고 피해자의 손을 들어준다. 즉 자기방어 상황에서는 어떤 행위는 되고 어떤 행위는 안 된다는 흑백논리黑白論理가 성립되지 않는다.

지난 2011년 경찰청은 폭력사건「정당방위 처리 요건」으로 8가지 항목을 제시했다. 8가지 항목을 근거로 쌍방 행위에 대해 법적 판단을 함으로써 상대의 폭력행위에 대항한 정의로운 행위마저 폭력사건으로 쌍방 입건하는 일이 없도록 하기 위해서이다.

경찰청이 제시한 정당방위 처리 요건은 다음과 같다.

- 침해행위를 방어하기 위한 행위일 것.
- 침해행위를 도발하지 않았을 것.
- 먼저 폭력행위를 하지 않았을 것.

- 폭력행위의 정도가 침해행위의 수준보다 중하지 않을 것.
- 흉기나 위험한 물건을 사용하지 않았을 것.
- 침해행위가 저지되거나 종료된 후에는 폭력행위를 하지 않았을 것.
- 상대방의 피해 정도가 본인보다 중하지 않을 것.
- 치료에 3주[21]일 이상을 요하는 상해를 입히지 않았을 것.

상대의 공격행위에 대응한 피해자의 행위가 이 요건들을 모두 충족하는 경우에는 정당방위로 처리하되, 요건 중 일부가 결여되더라도 사회통념상 필요한 한도 내의 행위로 인정할 사정이 있으면 정당방위로 처리하도록 규정하고 있다.

여러분은 8가지 요건을 보고 어떤 생각이 드는가? 긴박한 상황에서 정당방위 요건에 합당한 행위를 하기 위해 노력한다면 아무래도 행동이 많이 위축되고 부자연스러워 질 것이라 생각한다.

가해자로 취급받을까봐 두려워 불법행위 앞에 스스로 소극적으로 대응해서는 안 된다. 최근 법원의 판결은 여러 사정을 참고하여 피해자 쪽의 손을 많이 들어주고 있다. 정당방위 요건들을 평소에 잘 숙지하고 그것을 기준으로 상대방의 불법행위에 적극적으로 대처했으면 한다.

"범죄자의 불법행위에 맞서 아낌없이 나를 표현해야 한다.
그것이 진정한 정당방위이다."

자기방어를 위한 SOP

조직 내 업무를 효율적이고 일관성 있게 처리하기 위한 수단으로 정한 기준이 있다. 그것을 SOP^{Standard Operating Procedure, 예규, 관리운용절차}라고 한다. 자기방어를 위한 상황에서도 어찌할 바를 모르고 당황하지 않기 위해서는 SOP와 같은 기준이 필요하다.

필자는 이해를 돕기 위해 SOP를 다음의 두 가지로 나누어 보았다.

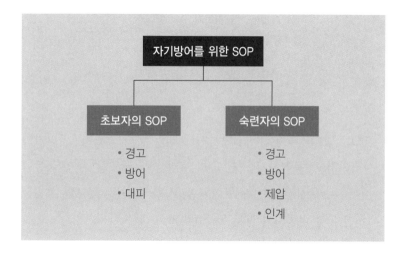

초보자의 SOP

초보자와 숙련자를 나누는 기준은 테크닉적 측면도 있지만, 여성이나 노인 등 신체적 측면에서 상대적으로 약한 계층을 자기방어의 초보자^{운동선수나 그에 준하는 신체적 능력을 자랑하는 사람들은 예외}로 본다.

초보자의 SOP는 가능한 현장에서 빨리 벗어나는 것을 목적으로
한다. '경고→방어→대피'라는 단순화된 절차가 특징인데, 교육목
적상 세 단계로 나누지만 실제로는 거의 동시에 이루어지는 행위
이다.

S hout   **소리치기** …… 경고
A ttack   **공격하기** …… 방어
R un   **달리기**   …… 대피
—————————————————
사람을 살리는 자기방어 절차

경고, 방어, 대피를 바꿔말하면 소리치기, 공격하기, 달리기이
다. 소리치고, 공격하기때리고, 달리는 것은 누구나 할 수 있는 동작
들이어서 보기에는 간단해 보이지만, 상황 발생 시 공포와 두려움
으로 인해 잘 지켜지지 않는 동작들이기도 하다.

첫째, 소리치기경고는 말 그대로 평상시 대화의 톤이 아닌 더 큰
목소리로 외치는 것을 말한다. 소리치기를 통해 나의 위험을 주위
에 알림으로써 상대방의 주의를 흩뜨려 놓고 계속된 범죄행위에
부담을 줄 수 있다. 조용히 순응하는 사람과 거세게 소리치며 발버
둥치는 사람은 대응적 측면에서 분명히 차이가 난다.

둘째, 공격하기방어는 상대를 KO시키는 것이 목적이 아니라 상

대로부터 벗어날 시간과 공간을 확보하기 위한 행위이다. 상대를 밀거나 취약한 부위를 공략함으로써 상대의 공격을 차단하고 벗어날 수 있는 시간과 공간을 확보할 수 있다.

셋째, 달리기^{대피}는 현장 이탈을 뜻한다. 공격하기를 통해 상대로부터 벗어날 수 있는 기회가 생겼다면 현장에서 상대와 끝장을 보기 보다는 최선을 다해 벗어나야 한다. 달리는 힘이 부족하다면 관공서나 기타 건물에 들어가서 도움을 요청하는 행위도 하나의 방법이다.

이와 같이 초보자의 SOP는 상대로부터 벗어나는 것이 목적이다. 그 목적 달성을 위한 SOP가 소리치기, 공격하기, 달리기와 같은 동작들인데, 상황에 따라 세 단계가 동시에 이루어질 때도 있고 아닐 때도 있다. 예를 들어 상대와 거리가 있고 도망갈 기회가 있다면 굳이 소리치기와 공격하기 단계를 거치지 않고 달리기만으로 얼마든지 목적을 달성할 수 있다. 물론 상대의 달리기 실력이 더 빠르다면 소리치기와 같은 다른 옵션들이 필요하다.

숙련자의 SOP

숙련자의 SOP는 초보자의 SOP에서 '대피' 대신 '제압'과 '인계'라는 두 단계가 추가된다. 제압과 인계를 위한 어느 정도의 신체적 능력과 테크닉이 필요하고, 위험 부담이 존재하는 것이 숙련자의 SOP이다.

숙련자가 초보자의 SOP를 행했을 때 사회적으로 비난받거나 법적인 문제는 없다. 그러나 숙련자가 현장에 두고 간 범죄자가 또 다른 범죄를 저지르지 않도록 범죄자를 경찰관에게 인계하는 일이 마땅한 도리라고 생각한다.

소리치기경고와 공격하기방어는 초보자의 SOP와 동일하므로 다음 단계인 제압과 인계에 대해 알아본다. '제압'은 상대를 완전히 무력화시키기 위한 단계로, 혼자보다는 둘, 둘보다는 셋이 더 효율적으로 제압할 수 있다. 만약 혼자서 상대를 제압했다 하더라도 즉시 주위에 도움을 요청하여 임무를 분담하는 것이 좋다. 혼자서 상대를 제압하고 있는 시간이 줄어들수록 그만큼 당신의 안전이 보장되기 때문이다.

마지막으로 '인계' 단계에서는 경찰관에게 인계하기 전까지 절대 긴장의 끈을 놓지 말아야 한다. 인계 중에도 상대의 보복 행위에 대비하는 적극적인 방어자세가 필요하다. 그리고 당신은 현장 상황을 잘 아는 당사자이므로 경찰관의 협조요청이 있으면 거부하기보다 범죄자의 처벌을 위해 부담없이 응하도록 한다.

지금까지 초보자와 숙련자의 SOP를 알아보았다. 자기방어의 목적이 벗어나기 위한 것인지 제압하기 위한 것인지에 따라 대응이 달라지므로 초보자와 숙련자의 SOP가 같을 수는 없다. 훈련이나 일상생활에서 각자의 SOP를 잘 숙지하여 자신감 있는 자기방어를 행할 수 있도록 항상 준비해야 한다. 준비된 만큼 잘 움직일 수 있다.

전술적 대응방법

내가 사용할 신체 부위

자기방어가 필요한 상황에서 호신용품이나 주위에 활용 가능한 도구를 사용한다면 나의 부족한 전투력을 보완할 수 있다. 그럴 상황이 아니라면 오로지 맨몸으로 저항해야 한다. 이때 한번도 사용해보지 않은^{평소 단련하지 않은} 신체 부위, 특히 주먹을 함부로 사용하면 스스로 부상을 입을 수도 있다.

단련하지 않았더라도 신체구조상 비교적 강도있는 부위를 적극 활용하여 상대에게 강한 충격^{상대의 공격의지를 꺾을 수 있을 만큼}을 주는 것이 효율적인 신체사용법이다.

위기 상황을 해결하기 위해 신체 외에 활용할 도구가 없다면 신체의 어떤 부위를 어떻게 사용하는 것이 효율적일지 사전에 생각해야 한다.

일반인이 손쉽게 사용할 수 있는 대표적 부위는 다음과 같다.

손바닥

주먹보다 손바닥이 약할 것이라고 생각하는 사람이 많다. 권투선수처럼 주먹·손목·팔뚝의 정렬에 신경 써서 상대를 타격할 자신이 없다면 처음부터 시도하지 않는 것이 자신을 돕는 길이다.

주먹 사용에 능숙한 권투선수조차도 주먹 부상에 시달릴 정도인데, 일반인의 경우는 부상의 확률이 더 높다. 잘못된 주먹 사용은 자신의 부상을 초래하여 더 이상의 방어가 힘든 상황에 처하게 될 수도 있으므로, 그보다 더 효과적이고 안전한 손바닥^{손바닥의 아래쪽 두꺼운 부위}의 사용을 권한다. 손바닥은 훈련받지 않은 사람이라도 쉽게 사용할 수 있고, 그 쓰임에 따라 상대의 균형을 무너뜨리거나 안면을 효과적으로 타격할 수 있다.

사진처럼 손바닥을 편 후 뒤로 젖혀 손바닥의 손목쪽 두터운 부위로 상대를 타격한다. 펼친 손의 특성상 타격 후 바로 상대를 잡는 행위로 이어질 수 있어 연속적인 동작을 하기 좋다.

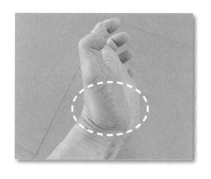

손바닥의 손목쪽을 내민다는 느낌으로 밀어친다.

손바닥 사용은 제 3자가 봤을 때 주먹으로 대응하는 행위보다 덜 공격적으로 보이므로 정당방위라는 자기방어의 목적 달성에도 도움이 된다.

망치주먹

망치주먹은 주먹쥔 손의 아래 부분새끼손가락 아래 살이 두툼한 부위인데, 이곳을 망치처럼 내리치는 방법으로 사용한다.

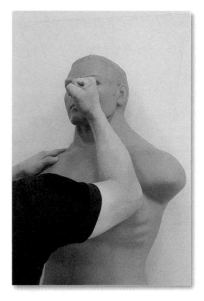

일반인에게는 주먹을 앞으로 뻗거나 휘두르기보다는 망치주먹으로 내리치는 움직임이 더 자연스럽고 강력하다. 또한 부상의 우려가 적고 연속적인 타격이 가능하다. 근육 부위보다 안면이나 낭심 부위에 사용하면 큰 효과를 볼 수 있다.

팔꿈치나 무릎

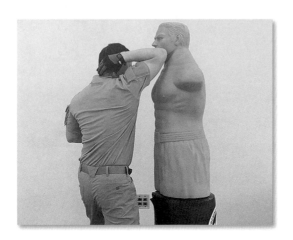

인간의 팔과 다리는 편 상태에서 외부 공격에 취약하다. 그러나 굽혔을 때 팔꿈치와 무릎 부위는 강력한 무기가 된다.

팔꿈치나 무릎은 상대와 뒤엉켜 있을 때 또는 협소한 공간에서 사용하면 단련 여부와 상관없이 상대에게 큰 충격을 줄 수 있는 강력한 부위이다. 팔꿈치는 주로 상대의 안면에, 무릎은 상대의 낭심 부위에 사용하면 효과를 극대화할 수 있다.

머리

머리는 인간의 양팔과 양다리와 함께 강력한 부위 중의 하나로, 별다른 준비없이 빠르고 쉽게 사용할 수 있다. 특히 근거리에서 활용도가 높고, 상대의 안면을 타격하면 큰 효과를 본다. 머리로 하는 공격은 다른 부위에 비해 상대가 예측하기 어려워 방어하기가 쉽지 않다.

주요 공격 부위

상대와 신체적으로 대결할 때 개인적 능력을 떠나 유리한 위치를 확보하려면 눈·코·입·턱·목·낭심 등과 같이 쉽게 고통을 유발할 수 있는 부위를 공격목표로 삼아야 한다. 영구적 손상을 가할 정도로 사정없이 공격할 필요는 없고, 일시적 고통이나 경미한 부상을 입힐 정도의 공격강도가 상대를 컨트롤하거나 자신이 탈출하는 데 적절하다.

상대의 아픔을 걱정하는 마음에 공격의 강도가 부드러워진다면 상대는 감사함을 표현하기보다 더 격분하여 당신을 공격할 것이다. 그리고 당신을 더 힘들게 하고 아프게 할 것이다. 당신은 위험 앞에서 인정사정 보지 말고 상대의 취약한 부위를 공략하여 현장을 벗어날 기회를 찾아야 한다.

당신의 주요 공격목표는 다음과 같다.

눈

사람은 눈을 통한 시각정보에 많이 의지하며 살아간다. 상대의 눈 부위를 공격하면 많은 고통과 함께 일시적으로 시야를 제한한다. 눈 부위를 공격할 때는 손가락이나 손바닥, 망치주먹 등을 활용하되, 직접적인 도구 사용은 지양하도록 한다.

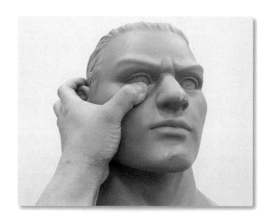

코

코는 얼굴의 중앙이자 가장 높은 부위이다. 코를 잡아서 올리거나, 짓눌러 압박하거나, 손바닥으로 타격하는 방법을 통해 효과적으로 공격할 수 있다.

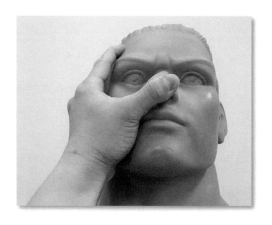

목

목 부위의 정면이나 양쪽 측면을 타격하거나 압박하면 상대에게 일시적인 고통을 준다. 상대가 실신할 정도의 과도한 조르기는 좋은 방법이 아니다. 조르기에 익숙하지 않으면 자신의 힘만 빠지기 때문이다.

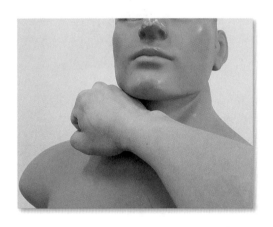

낭심

낭심 부위는 많은 신경들이 연결된 민감한 영역이다. 이 부위를 공격하면 상대에게 극심한 고통을 주고, 일시적으로 무력화시킬 수 있다. 최근 실전을 지향하는 외국계 격투기 종목이나 셀프디펜스 교육에서 낭심 공격을 중점적으로 다루고 있는 점만 보더라도 효과면에서 의심할 여지가 없다. 만약 종합격투기단체인 UFC에서 낭심 공격을 허용하였다면 경기 결과는 선수 개개인의 기량차이를

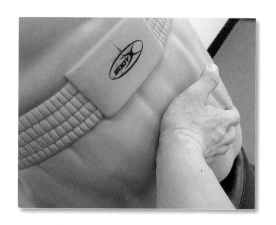

떠나 예측할 수 없는 방향으로 흘러갔을 것이다.

무릎

하체의 중심을 잡아주는 무릎은 타격에 대한 저항이 비교적 약한 부위이다. 무릎 측면을 발로 타격하면 상대는 균형을 잃고 넘어지거나 제대로 서 있기 불편할 정도로 하체의 움직임이 제한된다.

인체의 대부분을 덮고 있는 튼튼한 보호막인 근육 부위에 대한 타격은 훈련된 사람을 제외하고 타격 효과를 보기 어렵다. 상대와 신체적인 대결이 시작되었을 때 내가 공격을 시도할 수 있는 시간은 상대가 나를 완전히 제압하기 전 아주 짧은 순간이다.

짧은 순간에 공격하여 충분한 효과를 볼 수 있는 부위를 선택해야 하는데, 그것은 위에 열거한 5가지 부위이다. 이 외에 명치나 귀도 있겠지만, 5가지 부위가 일반인의 입장에서 비교적 접근하기 쉽다.

특히 근거리에서 낭심 공격은 비겁하고 불명예스럽고 부끄럽고 신사적이지 않다는 인식이 강하여 꺼리는 경향이 있는데, 현장에서의 스포츠맨십sportsmanship은 생존에 도움되지 않는다.

파이팅fighting에 익숙하지 않은 사람일수록 상대의 민감한 영역을 공격해야 상대에게서 벗어날 타이밍을 얻거나 상대를 컨트롤할 수 있는 타이밍을 얻을 수 있다.

자기방어가 필요한 상황에서 목표가 뚜렷한 대응과 아무런 목표 없이 그냥 휘두르는 대응은 큰 차이가 있다. 무작정 힘을 쓰면 스스로 지쳐 상대에게 완전히 제압당한다. 흥분한 상대는 자신의 고통조차 잊은 채 당신을 공격하므로 대응이 강력하지 않으면 그 결과는 뻔하지 않겠는가!

"단순함은 멋은 없지만 빠르고 강력하다"

호흡

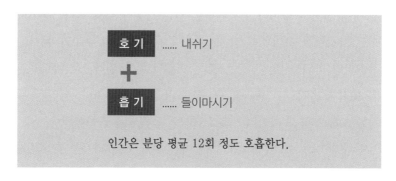

호 기 ...... 내쉬기

＋

흡 기 ...... 들이마시기

인간은 분당 평균 12회 정도 호흡한다.

호흡은 인간의 생명 유지를 위한 필수적인 움직임이다. 모든 인간은 자신의 의지와 상관없이 산소를 들이마시고 이산화탄소를 내보내는 호흡을 함으로써 움직임에 필요한 에너지를 얻고 지속적인 활동을 할 수 있다.

호흡은 인간의 생명 유지뿐 아니라 신체활동을 위한 기본이 되는 움직임이므로 목적에 따라 호흡방법을 달리하기도 한다.

- 단전호흡
- 요가나 필라테스의 호흡
- 출산을 앞 둔 임산부의 호흡
- 웨이트 트레이닝의 호흡
- 달리기의 호흡

- 역도의 호흡
- 복싱의 호흡
- 차력의 호흡
- 발성의 호흡
- 격투기의 호흡

호흡의 예에서 알 수 있듯이 느리고 깊은 움직임을 필요로 할 때는 숨을 천천히 들이마셨다 내뱉는 깊은 호흡을 주로 한다. 반대로 빠르고 강력한 움직임을 할 때는 근육의 순간적인 수축과 동시에 폭발적인 파워를 낼 수 있는 짧은 호흡이 주가 된다. 호흡은 자신이 목적한 움직임의 효과를 극대화하기 위한 기본이다. 인간은 특정한 호흡을 통해 지속적이고 효율적인 움직임을 만들어낸다.

만약 복싱을 할 때 요가의 호흡법을 하거나, 달리기를 할 때 역도의 호흡법을 한다면 복싱의 강하고 빠른 움직임과 달리기의 리드미컬한 움직임을 지속하기 힘들고, 움직임의 효율도 떨어진다. 따라서 움직임의 성격에 따라 호흡의 성격도 반드시 변해야 한다.

자기방어가 필요한 상황에서는 어떤 호흡이 생존에 도움이 될까? 자기방어가 필요한 상황은 일상적 환경이 아닌 극심한 스트레스 환경에 노출된 상황이다. 인간이 스트레스 환경에 노출되면 호흡이 가장 먼저 무너진다.

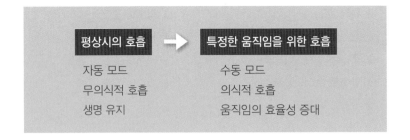

평상시의 호흡 →	특정한 움직임을 위한 호흡
자동 모드	수동 모드
무의식적 호흡	의식적 호흡
생명 유지	움직임의 효율성 증대

격렬한 운동을 하거나 불안과 두려움에 사로잡히면 평소 정상적이던 호흡패턴이 빠르거나 느려지는 등 숨을 제대로 쉴 수 없다. 비정상적인 호흡패턴은 신체 움직임에 결정적 영향을 미쳐 정상적인 움직임을 힘들게 만든다.

'너무 놀라 몸이 얼어붙었다'라는 표현이 있다. 마치 리모컨의 일시 정지 버튼을 누른 것처럼 '얼어붙는다'는 놀람과 두려움에 대한 생리적 반응일 수도 있지만, 눈앞의 상황을 보고 뭘 해야 할지 모르는 판단의 공백기에 생길 수 있는 반응이기도 하다.

후자의 경우 호흡에 집중한다고 해결될 문제는 아니기에 별론으로 하고, 여기에서는 놀람과 두려움을 극복하기 위한 호흡방법에 대해 알아본다.

'호랑이에게 물려 가도 정신만 차리면 산다'라는 속담은 아무리 위급한 상황이 오더라도 정신만 단단히 차리면 위기에서 벗어날 수 있다는 뜻이다. '정신을 단단히 차린다는 것'은 어떠한 상황에서도 정신의 흐트러짐없이 문제 해결에 집중한다는 의미이다.

상황에 대한 집중은 인간의 뇌에서 전달되는 불안감을 덜어주는 효과가 있다. 이와 더불어 상황인지 기능을 비롯한 각종 기능이 정지 모드에서 재개되어 발 빠르게 대응할 수 있다. 이때 모드를 전환하는 스위치 역할을 하는 것이 호흡이다. 입으로 짧게 내뱉는 호흡 한 번으로 자연스럽게 정지 모드에서 전투 모드로 전환된다.

짧게 내뱉는 호흡을 실시하는 이유는 호흡의 멈춤없이 순간적으로 얼어 있는 신체의 반응을 일깨우기 위해서이다. 몸을 움직이기 위한 뇌와 근육이 제기능을 하려면 산소가 필요하다. 그리고 불안과 두려움에 긴장된 뇌와 근육은 더 많은 산소를 필요로 한다.

숨 멈추기나 호흡을 제대로 하지 않으면 산소가 필요한 뇌와 근육이 자신의 임무를 제대로 수행할 수 없다. 이때 입으로 짧게 내뱉는 호흡을 하면 스트레스 상황에서 호흡의 무너짐없이 불안감을 덜어주어 대응에 필요한 에너지를 지속적으로 공급받을 수 있다.

평상시보다 더 많은 산소가 요구되는 상황에서
쉽게 지치지 않고 지속적인 움직임을 만들어내기 위한 호흡

호흡에 집중하고 호흡의 중단없이 계속 이어나감

불안과 두려움에 대한
인간의 자연스러운 반응을 극복하고
자기방어에 필요한 움직임 구현

자기방어 상황에서의 호흡은 코로 들이마시고 입으로 짧게 내뱉는다. 숨을 코로 내뱉지 않고 입으로 내뱉으면 신체적 강한 움직임이 있더라도 좀 더 효율적인 공기 순환에 도움이 되고, 움직임에 필요한 안정적인 신체구조를 만들 수 있다.

자신의 배꼽 위에 한 손을 올려놓고 "후!"하고 짧게 내뱉는 호흡을 해보면 코어라고 불리는 신체 중심부의 근육군들이 단단해짐을 느낄 수 있다. 격투기 종목의 선수들이 타격을 하면서 입으로 "스"나 "쉬" 등의 독특한 소리를 내는 이유는 호흡을 통해 신체구조를 안정시키고 힘을 효율적으로 사용하기 위해서이다.

생존을 위한 호흡에 특별한 테크닉이 숨어 있는 것은 아니다. 다만 급박한 상황에서 내 몸의 시스템을 정상 가동하기 위해 호흡 조절이 필요한데, 이때 짧게 내뱉는 호흡을 통해 호흡의 멈춤없이 리듬을 유지하는 것만 잊지 않으면 된다. 호흡만 잘해도 당황하지 않고 강력한 자기방어를 할 수 있다.

자연스러운 호흡을 위한 연습

호흡을 연습하는 목적은 실제 상황이 발생했을 때 자신의 신체를 편안하고 자연스러우며 강한 움직임을 만들어내기 위해서이다. 자신의 호흡을 방해하는 긴장과 두려움, 그리고 상대의 압박으로부터 벗어나 자기방어 상황에 익숙해지도록 만드는 것이 호흡의 역할인데, 호흡도 테크닉처럼 반드시 연습이 필요하다.

1단계 코로 들이마시고 코로 내쉬는 일상적 호흡패턴을 수정하기 위한 기초 단계로, 몸은 움직이지 않고 코로 공기를 들이마시고 입으로 천천히 내뱉는다. 어느 정도 익숙해지면 코로 들이마시고 입으로 짧고 강하게 내뱉는 연습을 계속 한다.

2단계 손바닥 치기나 무릎 치기 등 신체 움직임과 함께 힘을 사용하는 포인트에 호흡을 짧고 강하게 내뱉는다. 치기 한 번에 호흡도 한 번 실시하고, 한 번 치기가 익숙해지면 연속치기를 하면서 호흡도 동시에 실시한다. 이는 호흡과 움직임에 대한 리듬을 익히는 단계이다.

3단계 실제 상황과 비슷한 느낌과 환경을 조성하여 훈련하면서 호흡을 실시한다. 호흡에 영향을 미치는 외부요인들을 극복하고 자신의 호흡을 조절하는 방법을 배우는 단계이다. 2단계의 단순한 움직임보다 스트레스 상황에서 신체 움직임이 많아지는 단계이므로 호흡 조절에 더욱 주의해야 한다.

"호흡이 무너지면 움직임도 무너진다."

자세 잡기

사람의 신체구조상 힘을 쓰기 좋은 자세나 힘을 받기 좋은 자세는 그렇지 않은 자세보다 힘의 전달과 대응 측면에서 큰 차이가 있다. 자세는 모든 움직임의 출발점이다. 좋은 움직임과 효율적인 움직임은 자세로부터 출발한다.

상대의 공격행위에 대응한 자기방어에서도 자세라는 준비동작은 필수이다.

상체

양팔은 자신을 지키는 방패와 같다. 양팔을 내린 채 상대와 대치對峙하는 것은 방패를 내린 채 상대와 대결하는 것과 같다. 자연스럽게 양팔을 올려 상대와 나 사이에 양팔이 위치하게 하면 상대의 접근에 대한 경고나 제지뿐 아니라 갑작스런 공격에 대한 방어도 할 수 있다.

이때 손의 모양은 주먹을 꽉 쥐고 공격적인 자세를 취하는 것보다 양쪽 손바닥이 상대방을 향하게 펼치는 것이 좋다. 손바닥을 편 자세를 취하는 이유는 주먹을 쥐고 있으면 '내가 지금 너를 공격할 것이니 조심하라'고 상대를 도발하는 공격적인 메시지message를 주지만, 손바닥을 편 자세는 상대에게 '진정해라', '나는 너를 공격할 의사가 없다' 등 방어적인 메시지를 줄 수 있기 때문이다.

주먹을 쥔 자세에서는 공격행위만 할 수 있으나, 손바닥을 편 자세는 공격행위 외에 상대를 잡고, 막고, 찌르는 등 선택의 폭이 넓은 이점利點이 있다.

손바닥을 편 자세는 양손은 편안하게 자신의 얼굴 앞에 위치하고, 양팔의 간격은 너무 가깝거나 멀지^{자세가 불안정하고 특정 공격에 대한} ^{방어가 어렵지 않기 위해} 않게 벌린 편한 자세이다.

하체

하체는 상체를 움직이게 하는 뿌리이다. 양다리를 포함한 하체 부위는 양팔이 몸을 방어하는 동안 중심유지, 거리조절, 방향전환 등 막중한 역할을 담당한다. 우리는 평소 11자 자세에 익숙한 생활을 하는데, 이 자세는 자기방어 상황에서 그리 좋은 자세가 아니다.

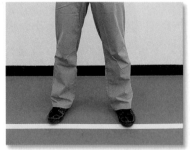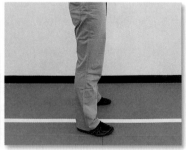

상대의 공격에 중심이 무너지기 쉬운 11자 자세

11자 자세는 겉으로 보기에는 정렬이 된 멋진 자세이지만, 상대의 공격행위에 내 중심이 무너지기 쉽고, 신속한 이동이나 방향전환에 도움이 되지 않는 자세이다.

중심유지 및 신속한 움직임이 가능한 방어적 대응자세

자기방어 상황에서는 위 사진과 같이 양다리를 앞뒤로 벌린 방어적 대응자세가 효과적이다. 이 자세는 11자 자세에 비해 상대가 공격해 올 때 균형을 잡기 쉽고, 전후좌우前後左右로 방향을 바꾸기도 쉽다. 종합격투기나 각종 투기鬪技 종목의 준비자세도 이와 같은 원리이다.

이 자세는 신체를 지지하는 하체의 면적이 11자 자세보다 넓기 때문에 안정감이 있다. 한 발이 먼저 이동하면 다음 발이 그만큼 따라서 이동하게 되므로 균형을 유지하면서 하체의 견고한 움직임을 바탕으로 상체를 강력하게 사용할 수 있다.

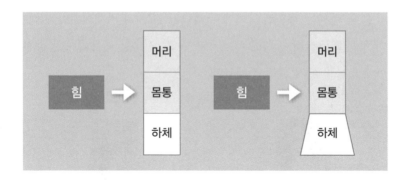

UFC와 같은 종합격투기나 유도 · 레슬링 대회를 보면 선수들은 자신의 중심을 유지한 채 빠르고 강한 움직임을 만들어내기 위해 대응자세를 갖추고 있다.

위험상황 앞에 상체와 하체를 목적없이 방치하지 말고 적극적으로 자세를 전환하여 방어적 대응자세의식적으로 움직이기보다 반사적으로 이루어져야 한다를 만들어야 상대의 공격에 효율적으로 대응할 수 있다. 좋은 자세에서 좋은 움직임이 나온다.

발의 움직임

"Float like a butterfly and sting like a bee."

나비처럼 날아서 벌처럼 쏜다.

– Muhammad Ali 무하마드 알리 –

신체의 움직임은 발로부터 시작된다. 알리^{Muhammad Ali}와 같은 전설적인 복서의 강력한 펀치도 지면에 위치한 발로부터 시작된 움직임을 통해 상대에게 전달되고, UFC와 같은 종합격투기에서도 발의 움직임을 통해 상대에게 붙거나 벗어나는 공방攻防의 연결동 작이 이루어진다. 자기방어 상황에서도 발의 움직임은 매우 중요 하다.

다가가고, 멀어지고, 비껴나가고, 회전하는 발의 움직임을 동 양에서는 보법步法, 서양에서는 풋워크^{footwork} 또는 스텝^{step}이라 한다. 어떤 종목을 배우든 그것의 기본이 되는 발의 움직임을 가 장 먼저 배운 후 다음 단계로 넘어가게 된다.

아무리 힘이 좋고 현란한 테크닉을 소유한 사람이라도 발의 움직 임이 제대로 이루어지지 않는다면 힘을 제대로 발휘할 수 없다.

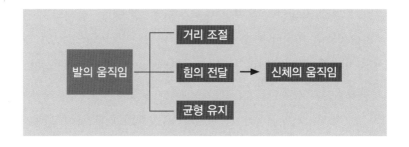

발의 움직임이 좋지 않으면 스스로 균형을 잡기 힘든 상황에 처 하게 되어 상대의 공격에 쉽게 중심을 잃고 넘어질 수 있다. 상대

와의 거리 조절에 실패하여 거침없는 공격에 당황한 나머지 그동안 배우고 익힌 테크닉을 발휘할 수 없게 된다.

발의 움직임이 선행되지 않은 동작은 효율적인 신체 움직임이 아니다. 발이 움직여야 균형이 잡히고, 거리가 조절되며, 힘이 효과적으로 전달된다. 마음이 앞서 상체부터 먼저 움직임일 것이 아니라, 발을 먼저 움직이고 다음 동작을 이어서 하는 연습을 평소 꾸준히 하면 발의 움직임을 자연스럽게 습득할 수 있다.

거리 조절

거리distance 조절 역시 현장에서 생존을 위해 중요하다. 상대와의 거리 조절을 통해 공격범위에서 벗어나기도 하고, 대응을 위한 효율적인 신체이동 및 힘의 전달도 가능하다.

격투경기를 보면 상대의 공격범위에서 벗어나 유리한 위치를 선점하기 위해 끊임없이 움직이는 선수를 볼 수 있다. 상대의 주된 공격범위에서 벗어나야 공격을 피하고 반격할 수 있는 기회가 생긴다. 당연한 논리 같지만 스스로 당황하게 되면 잊어버리기 쉽다.

경기든 실제상황이든 자신에게 유리한 상황을 만드는 움직임정확히 말하자면 발의 움직임이 반드시 필요하다. 상대의 모든 힘이 집중된 공격에 당황하고 있으면 상대의 계속된 공격으로 균형을 잃고 신체적 손상만 더해갈 뿐이다.

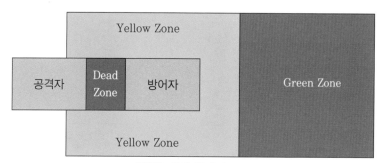

생존을 위한 현장의 구분

Dead Zone

「묻지마범죄」와 같이 대부분의 범죄상황은 Dead Zone에서 시작될 확률이 높다. Dead Zone은 상대와 정면으로 마주본 상태에서 상대의 공격범위 내에 있으면서 모든 힘이 집중된 근거리로, 즉각적 조치가 필요한 공간이다. 운 좋게 한 번의 공격은 방어했을지 몰라도 계속된 방어가 어렵고, 그 공간에서 벗어나지 못하면 상대에게 완전히 제압당할 수 있다.

Yellow Zone

Yellow Zone은 상대의 공격범위에서 잠시 벗어난 거리로, 상대를 제압할 수 있는 좋은 공간이자 현장에서 벗어날 수 있는 타이밍이 함께 존재하는 공간이다. 하지만 상대의 공격에서 완전히 자유롭지 않은 공간이므로 상대의 움직임에 따라 언제든 Dead Zone으로 전환轉換될 수 있다.

Green Zone

Green Zone은 상대와 마주하는 공간에서 여유 있게 벗어나 상대의 신체적 힘이 전혀 전달되지 않기 때문에상대가 원거리 공격이 가능한 총·석궁 등의 무기를 가졌다면 Green Zone은 없다 비교적 자유로운 대응이 가능한 공간이다. 주위 관찰이 용이하고, 도움을 요청하거나 대응도구를 준비하는 등 시간적·거리적 이점利點이 있으며, 언제든 현장에서 벗어날 수 있으므로 상대와의 신체적 대결을 피할 수 있다.

균형 유지

균형이란 신체의 중심이 안정적인 상태를 말한다. 중심이 완전해야 힘을 제대로 발휘하여 상대를 제압하거나 방어할 수 있다.

아무런 움직임없이 한 곳에만 서 있다면 굳이 노력하지 않아도 신체 감각시스템이 자동으로 신호를 주고받아서 균형을 잡고 서 있을 수 있다.

문제는 이동할 때의 균형이다. 자의든 타의상대의 공격에 의한 신체 움직임의 변화든 한 지점에서 다른 지점으로 자신의 몸을 이동한다는 것은 자신의 중심이 이동한다는 의미이다.

다음 페이지의 왼쪽 그림처럼 인간의 중심축이 직선형태를 띠고 있으면 균형잡힌 자세라 할 수 있으나, 중간 그림과 같이 중심축의 정렬이 무너지면 불안정한 자세가 될 수밖에 없다. 오른쪽 사진은 균형에 대해 잘 나타내주고 있다. 신체의 중심축이 무너진 더미

dummy. 인체모형에 비해 필자의 중심은 안정적인 것을 볼 수 있는데, 이런 차이로 인해 상대는 중심을 잃고 제압당한다.

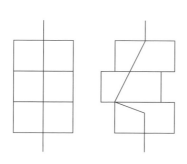 

 신체 균형의 안정적 유지란 정지 시뿐만 아니라 이동이나 방향 전환과 같이 움직임이고 있을 때에도 중심축의 정렬이 무너지지 않음을 의미한다. 쉽게 표현하면 상체의 움직임과 하체의 움직임이 거의 동시에 이루어지는 것이 중심축의 정렬을 위해 좋다는 얘기이다. 이 때문에 앞에서 발의 움직임을 강조한 것이다.
 중심축의 정렬은 어떤 움직임에서든 머리를 포함한 상체의 중심부가 두 다리 사이에 위치해야 안정적으로 유지될 수 있다. 만약 상체가 하체의 범위를 벗어난다면 즉시 하체의 움직임을 통해 신체의 정렬을 회복해야 균형을 잡고 대응할 수 있다.

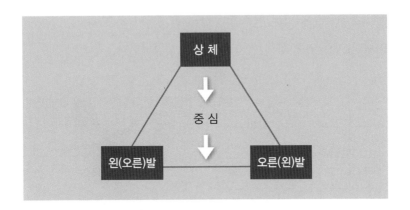

재차 강조하지만 발의 움직임이 신체 균형 유지에서 가장 중요하다. 자기방어가 필요한 상황에서는 무엇보다도 발의 움직임을 통해 상대의 공격범위에서 즉시 벗어날 수 있어야 한다. 방어나 대응을 위한 방향전환, 접근 등 신속한 발의 움직임 여부가 자기방어적 측면에서 상당한 차이를 만든다.

당연한 말이지만 발이 먼저 움직여야 상대에게 가까워지거나 멀어진다. 필자는 발은 움직이지 않고 상체만 움직임으로써 균형을 잃거나 힘을 효과적으로 전달하지 못하는 경우를 많이 보아왔다. 이것은 현장에서 대부분 사람들이 하는 실수이다.

평소 얼굴과 손보다는 발관리가 잘되지 않는 것처럼^{아무래도 발은} ^{양말과 신발을 신으면 다른 사람에게 노출되지 않는 부위이기에 덜 신경을 쓰게 된다} 간과 看過하기 쉬운 부분이 바로 발의 움직임이다. 신체적 균형 유지를 위해서는 위험에 노출된 상체의 움직임과 더불어 하체의 움직임에도 반드시 신경을 써야 한다.

언어적 대응

언어는 무형無形의 힘이다. 특히 사람 관계에 있어 언어의 힘은 매우 중요하다. 상대에게 잘 전달된 말 한마디로 물리적 충돌을 피할 수 있다면 얼마나 좋을까.

자기방어가 필요한 상황에서 생존을 위한 언어는 상대를 향한 경고와 함께 행동 변화를 유도하는 메시지를 담고 있어야 한다. 상대는 이미 나에 대한 공격으로 흥분된 상태이므로 소극적이고 부드러운 말투로 타이르는 것보다 단호하고 강력한 언어 선택이 필요하다.

"아저씨, 이러지 마세요.", "제발 살려주세요. 부탁입니다.", "그만하세요. 경찰에 신고할 거예요." 등 소극적이고 일반적인 표현은 상대의 공격행위에 더 큰 자신감만 부여할 뿐 자신의 생존에는 큰 도움이 되지 않는다.

필자가 강조하고 싶은 생존의 언어는 다음과 같다.

간결해야 한다

상대는 당신과의 대화를 통해 흥분을 가라앉히고 합리적으로 판단할 준비가 된 교양 있는 사람이 아니다. 그리고 상대의 공격속도는 당신의 말보다 빠르다. 따라서 상대를 이해시키기 위해 기나긴 문장으로 얘기하는 것은 위기상황에서는 적절하지 않다.

3글자 이하로 구성된 간결한 말이 크게 소리 지르기도 쉽고, 타인에게 보내는 전달력 또한 크다. 공격적인 언어가 괜히 상대를 자극하는 것은 아닌지 스스로 불안해 하는 사람도 있겠지만, 「묻지마 범죄」와 같은 비정상적인 상황에서 정상적인 사고를 하는 것 자체가 자신을 더 위험에 빠뜨릴 수 있다.

> "아저씨, 이러지 마세요. 제발 부탁이에요."
> ↓
> "그만해!" 또는 "비켜!"

눈앞의 상대는 협력자도 아니고 마땅히 존중받아야 할 사람도 아니다. 범죄자에 불과한 사람에게 공손한 어조로 자신의 생명을 부탁해야 할 도덕적 의무는 없다.

상대가 누구든 짧고 강력한 어조로 대응하자! 강력한 어조에서 힘 있는 대응이 나온다.

외쳐야 한다

영화나 드라마에서 여자가 살려 달라고 외치면 입부터 막는 장면을 흔히 볼 수 있다. 범죄자가 그런 행위를 하는 이유는 살려 달라고 외치는 여자가 무서워서가 아니라 그 소리를 듣고 달려올 사람들 때문이다.

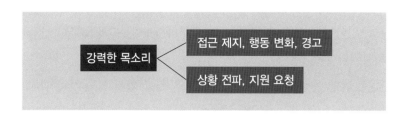

강력한 목소리는 상대에 대한 접근 제지, 행동 변화, 경고 메시지message 외에 현재 상황을 주위에 알리거나 지원 요청의 의미를 갖는다. 현재 당신을 공격하고 있는 상대의 입장에서는 크게 외치는 당신의 목소리가 매우 불편하게 느껴질 것이다.

당신의 강력한 목소리 그 자체만으로도 상대는 공격행위의 성공에 큰 장애물로 여기며, 범행 포기나 행동 변화와 같은 심적인 동요動搖가 일어날 수 있는 계기가 된다.

냉정하고 치열한 현장에서 당신의 언어가 논리적이고 교양 있을 필요는 없다. 간결하고 강한 목소리는 신체적 움직임뿐 아니라 언어적인 면에서도 강력한 대응 무기이다.

대응을 위한 옷차림

군인이 전투복을 입는 이유는 간단하다. 임무수행을 잘하기 위해서이다. 복장은 환경에 최적화되어 있어야 임무수행에 차질이 없다. 만약 화장실 청소를 할 때 정장을 입고 있거나, 등산을 할 때 구두를 신고 있거나, 수영을 할 때 점퍼를 입고 있다면 누가 봐도 불편해 보인다. 현재의 복장으로 어떻게든 자신의 목적을 달성할 수는 있겠지만, 복장이 그렇다보니 움직임이 많이 제한되고 효율성 역시 떨어진다.

생존을 위한 자기방어도 마찬가지이다. 현재 착용하고 있는 복장 때문에 움직임이 제한되어 마음먹은 대로 움직여지지 않는 상황을 겪을 수도 있다. 부자연스럽게 꽉 낀 청바지, 불안할 정도로 굽 높은 구두, 행동이 불편할 만큼 두꺼운 점퍼, 찢어질 만큼 꼭 끼는 멋진 정장, 따뜻하게 양손을 덮은 니트, 달리지도 못할 만큼 통이 좁은 롱치마 등은 멋지고 폼나는 복장이지만 자기방어를 위해서는 적합하지 않다.

그렇다고 오직 자기방어를 한다는 마음가짐으로 일상생활에서 도복이나 트레이닝복만 입고 다닐 수 없는 노릇이다. 그리고 개성이 강한 현 시대에는 개인마다 선호하는 복장이 있으므로 자기방어를 위해 어떤 복장이 특별히 좋다고 강조하는 것은 무의미하다.

그럼 어떡하면 좋을까? 평소 입는 복장을 착용하되 상황 발생 시 움직임을 제한할 수 있는 것은 제거해야 한다. 복장에 따라 쉽게 제거하기 힘든 경우도 있겠지만, 움직임을 제한하는 것들을 가능한 제거해서 움직임이 원활해져야 생존확률을 높일 수 있다.

예를 들어 도망가야 하는 상황에서 굽 높은 구두를 신고 있다고 가정해보자. 굽 높은 구두는 나의 움직임을 제한할 수밖에 없다. 이럴 때 아무리 비싼 구두라도 바닥이나 상대방에게 과감히 던져버리고 맨발로 도망치는 쪽이 현명하다.

내가 발휘할 수 있는 능력, 즉 '가능한 움직임'을 100으로 가정했을 때 나의 복장으로 인해 '실제 움직임'은 어느 정도 줄어들 수밖에 없다. '가능한 움직임'과 '실제 움직임'의 차이를 줄이는 것이 생존확률을 높이는 지름길이다.

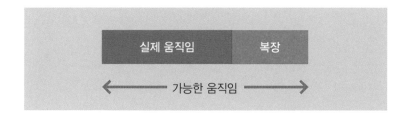

전술적 자기방어를 위한 드레스 코드dress code

☑ 신축성이 좋은 소재의 옷

☑ 움직임이 방해되지 않을 정도의 착용감

☑ 튼튼한 버클이 달린 벨트

☑ 달리기에 적합한 신발

☑ 비상 시 활용 가능한 가방 · 모자 · 장갑 등

"생존 확률은 긍정적인 마음이 수반될 때 가장 높게 나온다."

일상의 위험으로부터 나를 지키는 기술

4

—

도구 활용은 득인가, 실인가

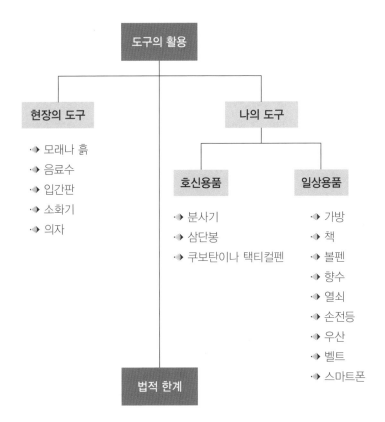

도구의 활용

현장의 도구

- ⟩ 모래나 흙
- ⟩ 음료수
- ⟩ 입간판
- ⟩ 소화기
- ⟩ 의자

나의 도구

호신용품

- ⟩ 분사기
- ⟩ 삼단봉
- ⟩ 쿠보탄이나 택티컬펜

일상용품

- ⟩ 가방
- ⟩ 책
- ⟩ 볼펜
- ⟩ 향수
- ⟩ 열쇠
- ⟩ 손전등
- ⟩ 우산
- ⟩ 벨트
- ⟩ 스마트폰

법적 한계

EveryDay Carry

당신의 EDC는

EDC는 'EveryDay Carry'의 약자로, 글자 그대로 매일 들고 다니는 물품을 말한다.

일반인의 대표적인 EDC는 스마트폰, 지갑, 열쇠, 시계 등이다. 좀 더 전술적으로 보면 멀티툴multitool, 손전등hand light, 나이프knife, 택티컬펜tactical pen, 쿠보탄kubotan, 삼단봉 등 EDC의 유형과 품목은 사용 목적에 따라 다양해진다. 대부분 자신의 주머니나 가방 속에 넣어 편하게 휴대할 수 있는 실용적인 물품으로, 언제 어디서나 사용이 가능하므로 EDC는 현장에서 매우 유용하게 쓰인다.

필자는 차량유리를 파쇄할 수 있는 소형 나이프를 항상 가지고 다닌다. 일반적으로 나이프를 소지하고 다니면 우범자 취급을 받기 쉽다. 하지만 필자의 나이프는 공격적인 의미보다 승용차나 버스 등의 교통수단에서 탈출할 필요성이 있을 때, 줄이나 로프를 절단할 필요가 있을 때, 자르거나 깎는 도구가 필요할 때 아주 유용하게 사용할 수 있는 EDC이다. 고가의 제품이 아니기에 부담없이 휴대와 사용이 가능하다.

작지만 강한 필자의 나이프

나이프 외에도 일상생활, 비상탈출, 자기방어 목적을 모두 만족시킬 수 있는 EDC를 평소 가지고 다닌다. 각각의 목적에 맞는 제품을 여러 개 들고 다니는 것보다 다양한 용도로 활용 가능한 제품 하나를 가지고 다니는 것이 휴대성이나 비용을 고려했을 때 더 효율적이다.

필자가 일반인들에게 추천해주고 싶은 EDC는 택티컬펜과 손전등이다. 택티컬펜과 손전등은 다양한 제품들이 판매되고 있다. 택티컬펜과 손전등은 고유의 사용법 외에 그 모양과 재질의 특성상 자기방어용이나 비상탈출용으로 다양하게 활용할 수 있다.

다른 호신용품에 비해 누구나 합법적인 휴대가 가능하고, 외부에 노출되더라도 주위 사람들에게 혐오감을 주거나 이목을 끌지 않는다. 택티컬펜과 손전등은 가성비 높은 호신용품이다.

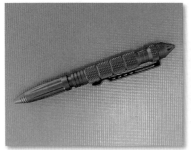

택티컬펜   손전등

"도구 사용은 동전의 양면과 같다.
아무리 좋은 도구라도
사용할 준비가 되어 있지 않은 자에게는
움직임에 방해가 될 뿐이다."

우리는 왜 도구를 사용하는가

자기방어가 필요한 상황은 공정성을 바탕으로 하는 스포츠 경기가 아니다. 범죄자는 대부분 자신보다 약해 보이는 상대에게 각종 위해도구를 이용하여 범죄행위를 저지른다.

범죄자와 피해자의 전투력을 비교했을 때 항상 피해자가 약자의 위치에 놓여 있다. 이런 힘의 불균형은 범죄자의 체격이 클수록 그리고 범죄자의 도구가 더 치명적인 형태일수록 차이가 크다. 조금이라도 차이를 줄이기 위한 노력이 바로 도구의 사용이다.

도구는 힘의 효율적 사용을 위해 오랜 시간 인류 역사와 함께 사용되었다. 물리적 충돌이 예상되는 상황에서 도구를 사용하고 안하고는 상당한 차이가 있다.

여기서 도구란 삼단봉 · 분사기와 같은 호신용품뿐 아니라 자신이 지니고 있는 가방 · 구두 · 볼펜 등 휴대용품, 현장에서 쉽게 구할 수 있는 막대기 · 의자 등 즉석에서 활용 가능한 도구를 포함한다.

지금 당신의 눈앞에서 한 남성이 칼을 휘두르고 있다고 상상해보라. 맨손 대 칼은 누가 보더라도 맨손인 사람이 불리하다. 따라서 즉시 현장을 벗어나거나 상대의 칼을 제거하지 못하면 치명적인 위험에 빠진다. 삼단봉과 같은 호신용품을 휴대하지 않더라도 주위에 있는 의자나 다른 도구로도 얼마든지 대응할 수 있다. 도구는 상대방에게 장애물이자 부담으로 작용한다.

그런데 도구의 사용이 꼭 장점만 있는 것은 아니다. 정당방위 수준을 넘어 상대에게 치명적 위해행위를 한다면 그에 따른 책임을 스스로 져야 한다. 또한 상대가 칼을 들었다고 해서 자신도 칼을 들고 대응하는 것은 흔히 말하는 나이프 파이팅이 될 뿐 정당한 도구의 사용이 아니다.

이처럼 도구 사용은 자신의 전투력을 보완하는 이점이 있는 반면 상대에게 치명적 위해를 가하는 불법 행위가 될 수도 있다. 도구 사용의 양면성은 마치 바닥에 세워놓은 역삼각형과 같다. 어느 쪽에 힘을 기울이느냐에 따라 정당한 사용이 되기도 하고, 불법적 사용이 되기도 한다.

그 선택은 오로지 사용자의 몫이기에 도구의 사용방법을 아는 것도 중요하지만 왜 도구를 사용해야 하는지, 도구 사용의 한계는 무엇인지 한번쯤 생각해보고 자신만의 사용기준을 마련해야 한다.

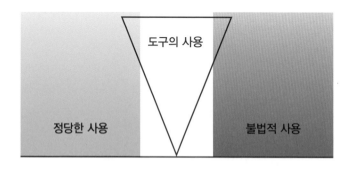

정당한 사용 / 도구의 사용 / 불법적 사용

우리는 언제 도구를 사용하는가

왜 도구를 사용해야 하는지 알았다면, 이번에는 언제 도구를 사용해야 하는지 알아보자. 전술적 움직임을 위해 타이밍이 꼭 필요하다는 점은 앞에서 강조했는데, 도구 사용의 타이밍은 도구의 사용효과를 극대화할 수 있는 중요한 요소이다.

> **상황 1**
> 당신의 눈앞에 인상이 좋지 않은 한 남자가 서 있다. 손에 각목을 들고 당신을 향해 걸어오기 시작한다. 지금 당신의 가방에는 삼단봉이 들어 있다. 이제 당신은 어떻게 할 것인가?

이때 당신은 멋진 액션을 상상하여 평소 수련한 맨손 방어법으로 대응할 것인가? 그보다는 한치의 망설임없이 자신의 삼단봉을 펼쳐 무기 평등의 상태를 만드는 행위가 필요하다.

다가오는 상대를 쳐다보다 도구를 사용할 타이밍을 놓쳐 상대의 공격범위에 들어왔을 때는 상대의 연속된 공격에 의해 도구를 꺼내서 사용할 여유조차 없다. 도구를 정확히 사용하기 위해서는 인지→준비→사용이라는 일정 시간이 소요되기 때문에 사전 준비를 통하여 반응시간을 단축하여야 도구를 효율적으로 사용할 수 있다.

도구사용 총소용시간 = **상황인지** + **도구준비** + **도구사용**

반응시간 단축을 위해서는 삼단봉을 노출하지 않은 상태에서 사용할 준비만 한 채 상대의 행동을 기다리는 방법과 미리 삼단봉을 펼쳐 놓고 대응 준비 태세를 갖추는 방법이 있다. 어떤 방법을 선택하든 상대의 도구를 인지했다면 즉시 도구 사용 준비를 해야 한다.

상황 1은 상대방과 거리가 있고 위험이 사전에 인지되어 비교적 대응할 여유가 있는 상황이다. 그럼 반대의 경우는 어떨까?

상황 2

당신은 횡단보도에서 신호를 기다리며 서 있다. 갑자기 등 뒤에서 전해오는 큰 충격을 받고 앞으로 쓰러졌다. 뒤를 돌아보니 한 남자가 각목으로 다시 당신을 공격하기 시작한다. 지금 당신의 가방에는 삼단봉이 들어 있다. 이제 당신은 어떻게 할 것인가?

상황 1 **휴대** → **인지** → **준비** → **대응**

상황 2 **휴대** → **인지** → **대응** → **준비** → **대응**

상황 1은 상대의 공격을 사전에 인지하여 나의 도구를 준비하고 사용하는 정상적인 과정이다. 그러나 상황 2는 「묻지마범죄」와 같이 갑작스런 공격에 대응해야 하는 경우이다. 이때는 준비과정없이 대응해야 하고, 대응하면서 도구를 사용하기 위한 준비를 하여 다시 대응해야 하는 어려움이 있다. 또한 준비하는 타이밍을 스스로 만들어야 하는데, 상대의 계속된 공격에 방어를 하다보면 도구를 사용할 기회조차 없다.

자기방어가 필요한 상황은 상황 1과 같은 유형만 있는 것이 아니라 상황 2와 같은 유형도 계속 발생되고 있다. 상황 발생 시 생존의 도구가 자신의 손에 들려 있을 때에는 신속하게 사용할 수 있지만, 일상에서 도구를 항상 손에 들고 다닐 수는 없다. 따라서 도구는 재빨리 꺼낼 수 있도록 가방 속 깊숙한 곳보다 바지나 가방의 외부 주머니나 허리 벨트에 휴대하는 것이 좋다.

도구를 사용할 수 있을 때 사용하지 않으면 영원히 사용할 수 없게 될 수도 있다. 흉기를 들고 있는 상대에게 말로써 협조를 구하기 전

에 당신은 이미 사용할 도구를 들고 있어야 한다.

"호신용품은 법적으로 명시되어 있는 용어가 아니라 범죄에 대응하여 자신의 신체와 생명을 보호할 수 있는 도구로 개발 · 생산 · 판매되고 있는 용품을 지칭하는 용어이다."

자기방어 도구로서의 호신용품

자기방어를 위해 활용할 수 있는 도구는 현장의 도구와 나의 도구로 나눌 수 있다. 현장의 도구는 말 그대로 의자, 모래나 흙, 소화기 등 현장에서 활용 가능한 도구이고, 나의 도구는 평소 내가 소지하는 도구이다. 나의 도구는 다시 호신용품과 일상용품으로 구분할 수 있다.

현장의 도구와 일상용품에 비해 사용할 때 많은 주의가 요구되는 도구인 호신용품에 대해 자세히 알아보자.

호신용품이란

질문 1 : 위 두 제품 중 호신용품은 어떤 것일까?

질문 2 : 왜 그렇게 생각하는가?

두 질문에 대한 답을 생각해봤겠지만, 무엇을 생각했든 각자의 입장에서 논리적인 답변일 것이다.

'호신용품이란 어떤 것이다.'라고 법률에 명시되어 있지는 않다. 따라서 법적인 보호를 받을 수 없을 뿐 아니라 상황에 따라 법률상 흉기 또는 위험한 물건으로 취급 받게 되는 일반적인 도구들이 우리가 흔히 알고 있는 호신용품의 실제 모습이다.

"나는 방어를 위해 호신용품을 사용했습니다."라고 말했을 때 법원에서 "호신용품이기에 죄가 아닙니다."라고 선처해주지 않는다. 호신용품의 지정이나 분류에 구체적 기준이 없기 때문에 '어떤 것이 호신용품이고, 어떤 것이 아니다.'라고 명확히 구분할 수는 없다.

다만 호신용품 제조 · 판매업체에서 호신용품이라는 이름으로 제조 · 판매하고 있는 제품들을 소비자 입장에서 호신용품이라고 부를 뿐이다.

필자는 일반인의 공통된 시각을 기준으로 시중에서 호신용품으로 지칭되어 판매되고 있는 제품과 호신용품은 아니지만 호신용도로 활용할 수 있는 도구를 합쳐서 호신용품의 종류를 다음과 같이 구분하였다.

구분	호신용품	대체품
타격형	삼단봉	막대기, 벨트, 우산, 빗자루
	쿠보탄 택티컬펜	볼펜, 열쇠, 멀티툴, 손전등, 스마트폰
충격형	전자충격기	
분사형	분사기	향수, 음료, 모래/흙, 소화기
경보형	경보기	목소리
방어형	방검복	가방, 책, 의자, 신문, 박스

※ 각각의 호신용품은 뒤에 나온 호신용품의 종류(p.210)에서 설명한다.

호신용품의 특성

휴대성비노출성

'작은 고추가 맵다.'는 속담이 있다. 도구의 효용성은 크기에서 나오지 않는다. 도구의 크기가 클수록 수납할 공간이나 별도 케이스가 필요하고, 휴대하기 불편하다.

　호신용품은 휴대가 간편하므로 부담없이 매일 들고 다닐 수 있다. 또한 사이즈가 작으므로 외부에 쉽게 노출이 되지 않아서 손에 들고 자랑하며 다니지 않는 이상 길거리를 지나가다 경찰관에게 불심검문 받을 확률이 거의 없다.

편리성

　호신용품의 사용법은 많은 기능이 포함된 최신형 전자제품처럼 복잡하지 않다. 구체적인 설명서 없이도 간단한 사용요령만 습득하면 손쉽게 사용할 수 있다. 사용하기 쉬워야 위기 상황 발생 시 대응시간을 단축시킨다.

적법성

사람의 생명이나 신체에 위해를 끼칠 수 있는 무기나 각종 도검류는 「총포·도검·화약류 등의 안전관리에 관한 법률」에 의해 소지허가를 받아야 한다. 그러나 일정한 기준 이하의 도구는 소지허가를 받지 않아도 된다.

분사기나 전자충격기와 같은 호신용품은 소지허가 대상이다^{나이프는 일반인의 관점에서 호신용품으로 보기 어려워 제외함}. 그러나 이것을 제외한 대부분의 제품은 주의해서 사용하면 휴대 및 소지에 대한 법적 처벌에서 자유롭다.

효율성

효율성이란 최소한의 시간과 노력으로 내가 목적한 바를 수행할 수 있는 정도를 나타낸다. 자기방어 목적을 성공적으로 달성할

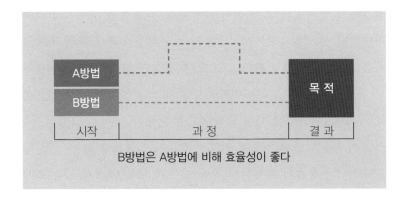

B방법은 A방법에 비해 효율성이 좋다

수 있게 도와주는 '수단과 방법'이 바로 호신용품의 사용이라 할 수 있다. 우리는 호신용품을 활용함으로써 보다 효율적으로 자기 방어를 할 수 있다.

"호신용품은 무조건 사용해야만 하는 필수도구인가?"

필자는 반은 찬성이고, 반은 반대이다. 아무리 성능이 뛰어난 호신용품을 휴대하고 있더라도 휴대 자체가 해피엔딩을 보장하는 것은 아니다.

호신용품이 진정 빛을 발하기 위해서는 평소에 사용방법과 사용상 한계를 알고 있어야 하고, 충분히 연습된 상태에서 적절한 타이밍에 사용해야 한다. 그럴 자신이 없다면 호신용품을 가지고 다니는 것은 무의미하고 짐만 된다.

호신용품의 사용과 한계

세상에는 많은 종류의 호신용품이 있다. 무엇을 구매할 것인지 결정하기 어려울 만큼 제품이 다양하고, 하나같이 강력한 효과를 자랑한다. 소비자 입장에서 보면 단순 구매행위 외에 제품사용 교육을 받을 수 있는 기관이나 단체, 매체가 거의 없다. 제품설명서나 유튜브YouTube 영상은 어디까지나 제조사나 개인의 생각일 뿐 모든 사람들에게 적용되는 법적 기준은 아니다.

호신용품을 언제 어떻게 어떤 방식으로 사용해야 하는지 잘 모른다면 호신용품의 휴대는 생존에 아무런 도움이 되지 않는 형식적 치장治粧에 불과하다. 반대로 호신용품의 과도한 사용은 자신이 범법자가 되는 결과를 초래할 수 있으므로 사용자는 올바른 사용방법을 알아야 한다.

단순히 호신용품을 구매하거나 선물로 받아서 휴대만 하는 사람과 호신용품의 성능과 사용방법 · 한계 등을 명확히 알고 있는 사람 중에서 누가 더 효율적으로 사용할 수 있을까? 당연히 후자쪽이다.

여기서는 호신용품을 효율적이고 정당하게 사용할 수 있도록 호신용품의 성능, 사용방법, 사용상 한계에 대해 알아본다.

정당한 사용

위법한 사용

호신용품을 잘 사용하기 위해서는 먼저 사용상 한계를 명확하게 인식해야 한다. 사용상 한계란 자신의 호신용품이 불법 무기인지에 대한 판단, 휴대에 따른 소지허가 신청의 필요성 여부, 사용에 따른 법적 책임 등을 말한다. 명확한 한계가 설정되지 않는 제품이라면 처음부터 휴대 및 사용하지 않는 것이 스스로를 돕는 일이다.

내가 휴대한 호신용품이 소지 자체가 금지된 불법무기이거나, 소지허가 신청이 필요한데 허가 받지 않고 사용하거나, 과도한 사용으로 상대에게 치명적인 피해를 입힌다면 정당방위와는 상관없이 그에 따른 법적 책임을 지게 된다.

사용상 한계를 알았다면 다음은 호신용품의 성능을 이해해야 한다. 내가 휴대한 제품이 어떤 기능과 특징을 가지고 있는지 정확히 이해해야 성능에 맞게 사용할 수 있다.

삼단봉을 예로 들면 접힌 삼단봉은 펼쳐서 사용해야 하지만, 전체적으로 단단한 재질이라는 특징을 이용하면 접힌 상태에서도 얼마든지 사용할 수 있다. 삼단봉을 펼칠 여유가 없을 때에는 접힌 상태에서 상대의 주요 부위를 타격할 수 있다. 이처럼 제품이 가지고 있는 기능과 특징을 이해하고 이를 이용하면 사용범위가 확대된다.

다음은 호신용품의 사용방법이다. 사용방법은 항상 사용상 한계 내에서 이루어져야 하고, 한계를 벗어난 사용은 위법한 공격행위에 해당한다. 상대가 공격행위를 중지하였는데도 호신용품을 이용하여 계속 공격하거나, 위협의 정도가 경미함에도 상대에게 치명적 공격을 한다면 사용상 한계를 벗어난 행위이다.

또한 제품 사용을 극대화하기 위해 제품을 임의로 개조하거나 변형하는 것도 한계에서 벗어난 위법행위로 이어질 수 있다. 제품의 성능과 사용방법은 한계라는 테두리 내에서만 정당방위로 인정됨을 잊지 말아야 한다.

위해용품과 호신용품의 차이

어떤 도구가 위해용품이고, 호신용품인가는 사용자의 선택에 따라 결정된다. 같은 도구라도 어떻게 사용하느냐에 따라 타인의 신체나 생명에 위해를 가하는 공격용 도구가 되기도 하고, 타인의 불법행위에 맞선 방어용 도구가 되기도 한다.

> **주차 시비에 격분하여 꺼낸 A씨의 삼단봉**
>
> VS
>
> **칼을 들고 있는 범죄자에 대응하기 위해 꺼낸 B씨의 삼단봉**

위 두 사례의 주인공은 모두 삼단봉을 꺼냈다. A씨 삼단봉과 B씨 삼단봉의 차이는 도구 자체로 구분되는 것이 아니라, 그것을 사용하는 사람에 의해 도구의 성질이 결정된다. 호신용품으로 보여지는 B씨의 삼단봉도 정당방위 수준을 넘어서면 역시 하나의 위해용품에 불과한 도구이다.

이렇듯 우리가 호신용품으로 알고 있는 도구는 위해와 호신이라는 두 가지 특성을 모두 가지고 있으므로 사용할 때 주의가 필요하다.

앞서 언급했듯 법적으로 호신용품의 기준이 명확하지 않으므로 사용자 입장에서 내가 휴대하고 있는 도구가 호신용품으로 적합한지에 대해 혼란이 생길 수 있다. 도구 사용에 대한 확신이 들지 않으면 사용하지 않는 편이 현명하다. 그리고 자기방어 용도로 도구를 선택할 때는 도구 사용의 효과와 타인에 대한 위해 정도를 충분히 고려해야 한다.

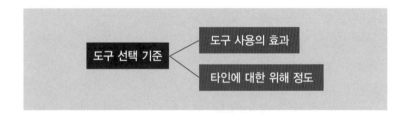

도구의 사용효과에만 치중하여 도구를 선택하여 사용하면 타인에게 심각한 부상을 입히게 되어 정당방위를 넘은 공격행위로 처벌 받을 수 있다. 반대로 타인에 대한 위해 정도만 고려하여 소프트한 도구를 선택하면 효과가 전혀 없거나 경미한 충격만을 가해 실질적인 사용효과를 볼 수 없다.

이런 상황에서 필자가 생각하는 최적의 도구는 삼단봉, 분사기,

소형 스틱류이다. 이런 도구들은 상대방에게 충분한 효과를 주면서도 위해 정도가 그리 크지 않아 호신용품으로 적당하며, 정상적으로만 사용하면 정당방위로 인정받을 확률이 높다.

간혹 소형 나이프knife를 호신용으로 휴대하는 사람들이 있는데, 과연 나이프는 호신용품으로 적당할까?

나이프가 아웃도어 라이프를 즐기는 사람들에게 생활 필수품으로 자리 잡은 지 오래되었다. 다양한 기능이 추가된 소형 나이프들이 사람들의 눈을 유혹하고 있어 필자 또한 평소 관심을 가지고 있는 도구 중 하나이다.

하지만 나이프는 그 특성상 타인의 공격에 대응하여 사용하기에는 너무나 큰 위험부담이 있다. 전시 상황에서 군인이 직무 특성상 나이프 파이팅knife fighting을 해야 하는 경우가 아니면 호신용품으로 나이프를 사용하는 것에 대해 필자는 반대한다.

나이프는 사람에게 사용하면 대량 출혈이나 심각한 신체 손상이 수반되는 도구이다. 따라서 법적으로나 사회통념으로 판단했을 때 나이프로 사람을 제압하였다고 박수쳐주는 경우는 극히 드물다.

물론 나이프가 가지는 실용적인 면나이프 본래의 용도와 함께 비상탈출을 위한 기능 등은 다른 도구와 비교할 수 없을 정도로 뛰어나다. 다시 강조하지만 나이프 자체가 위해용품에 가까우므로 사람에게 사용하는 것은 지양해야 한다.

지금 내가 휴대하고 있는 도구가 위해용품인지 호신용품인지 한번쯤 고민해보기 바란다.

호신용품의 종류

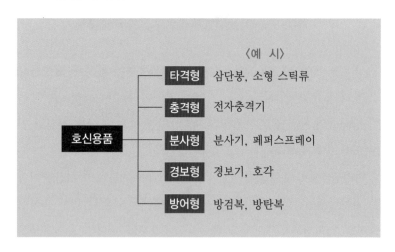

호신용품의 종류는 다양하다. 위와 같이 도구의 유형에 따른 구분 외에 상대에게 위해를 가할 수 있는 도구인지 여부에 따라 타격형과 경보형으로 구분할 수 있다.

경보형^{방어형}은 상대에게 위해를 준다기보다 순수한 자기방어용 도구로 사용상 특별히 주의할 점은 없다^{주의할 점이 있다면 제품의 성능이 자기방어에 충분한지 필히 확인하는 것}. 이에 반해 타격형^{충격형, 분사형}은 상대에게 직접적 위해를 가할 수 있는 도구이므로 사용할 때 주의가 요구되고, 잘못 사용하면 민·형사상 책임까지 져야 한다.

여기서는 일반적으로 흔히 접할 수 있으나 사용상 각별한 주의가 필요한 삼단봉, 분사기, 소형 스틱류에 대해 알아본다.

"삼단봉은 위험한 순간

당신을 도와줄 최소한의 방어도구일 뿐

타인을 공격하기 위한 도구가 아니다."

삼단봉

삼단봉은 일반인의 호신용품이나 군·경찰 등 법집행관의 휴대 장구로 널리 이용된다. 삼단봉은 영화 액션 신action scene에도 꽤 등장하여 비교적 친근한 도구이고, 사용법 또한 어렵지 않아 언제든 손쉽게 이용할 수 있다.

삼단봉은 글자 그대로 세 개의 봉부위로 이루어져 각 부위를 접을 수 있게 만든 제품이다. 이단봉, 사단봉, 가스분사봉 등 필요에 의해 변형된 제품도 있으나, 삼단봉의 기본적 형태는 세 개의 봉이 연결되어 맞물리게 만든 단순 구조이다.

삼단봉은 총기나 도검처럼 별도의 소지허가가 필요없어 일반인들이 아무런 법적 제재없이 구입이 가능하다. 1~2만 원대의 저가형부터 30~40만 원대의 고가형까지 다양한 제품들이 온·오프라

인에서 판매되고 있다. 아직 우리나라는 삼단봉 휴대에 대한 금지 및 처벌규정이 없으나, 일부 국가에서는 경찰관을 비롯한 법집행관 외 삼단봉 휴대를 엄격히 금지하는 등 사용을 제한하고 있다.

삼단봉 재질은 강철이 대표적인데, 경량화를 위해 알루미늄 또는 알루미늄에 구리와 마그네슘 등을 첨가하여 강도strength를 강화한 두랄루민 재질의 삼단봉도 많이 이용된다. 비교적 저가형 모델인 강화플라스틱 재질의 삼단봉도 있다.

삼단봉은 재질·무게 등을 고려한 휴대성도 중요하지만, 사용목적을 고려했을 때 간과할 수 없는 부분이 강도strength이다. 삼단봉은 타격을 위한 도구이다보니 그동안 강도에 대한 사용자들의 지적이 있었다. 유튜브YouTube 등 각종 인터넷 매체에서 제조회사별로 삼단봉의 강도를 실험하는 영상도 많이 볼 수 있다.

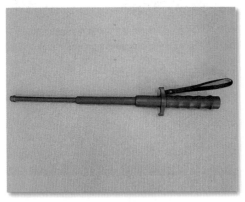

경량화된 플라스틱 재질의 삼단봉

실제로 한 경찰관이 차량 유리를 삼단봉으로 내리치자 유리가 아닌 삼단봉이 파손되어 분리된 황당한 상황이 연출되는 것을 보고 필자는 안타까운 심정이었다. 삼단봉 본연의 가치를 생각한다면 강도는 절대 무시할 수 없다.

　삼단봉을 선택할 때 강도에 중점을 두는 사용자는 알루미늄이나 두랄루민 제품보다 강철 제품을 선호하는 경향이 있다. 그런데 필자의 경험에 의하면 사람을 상대할 때에는 어떤 제품을 사용하든 상관이 없다. 다만 차량 유리 등 강한 충격을 위해 일정 수준 이상의 강도가 필요한 곳에 사용할 때는 얘기가 달라진다.

　만약 당신이 알루미늄이나 두랄루민 재질의 삼단봉을 사용하여 차량유리를 깨야 한다면 삼단봉에 의한 직접 타격보다 삼단봉 손잡이 부위 끝에 달려 있는 유리 파쇄기를 적극 이용하는 것이 효율

유리 파쇄기가 부착된 삼단봉

적이다. 왜 효율적인지에 대해서는 별도로 본서의 마지막 부분에서 다룰 것이다.

일반인들이 삼단봉을 구입할 때 제품의 재질 외에 고민하는 부분 중 하나가 사이즈이다. 삼단봉의 길이는 개인 선호도와 사용목적에 따라 다르지만, 일반적으로 16인치, 21인치 삼단봉이 많이 사용되고, Aㅇㅇ사의 12인치 삼단봉과 같이 휴대성을 극대화한 제품도 있다.

자신이 소지하고 있는 무기가 크면 대응거리상의 여유나 타격상의 이점도 있겠지만, 몸에 맞지 않은 옷이 어색하듯 삼단봉 또한 무작정 크고 길다고 모든 상황을 자연스럽게 해결해주지는 않는다.

휴대가 편리한 12인치 삼단봉

일반인이 26인치나 31인치 삼단봉으로 타격할 때는 길이에 대한 부담을 느낄 수 있다. 따라서 무조건 긴 사이즈를 선택하기보다 적당한 사이즈 일반인 기준 16~21인치를 선택하면 상황 발생 시 삼단봉

을 효율적으로 컨트롤control할 수 있을 뿐만 아니라 자신의 전투력
을 좀 더 높여준다.

다음 사진은 B○○사에서 나온 26인치와 21인치 삼단봉을 비교
한 모습이다. 펼친 상태, 접은 상태, 휴대한 상태에서 삼단봉 길이
를 비교해 놓았으니 삼단봉을 선택할 때 참고하기 바란다.

삼단봉은 펼쳤을 때 길이만 비교해서 선택하는 것보다 접었을
때와 휴대방법까지 고려하여 구입해야 후회가 없다.

삼단봉을 펼친 상태의 길이(위 26인치, 아래 21인치)

일반적으로 사용되는 삼단봉은 손잡이를 잡고 위에서 아래로, 또는 아래에서 위로 펼치는 원심력에 의해 세 개의 봉 부위가 맞물려 고정되는 마찰식Friction-Lock이다. 세 개의 봉 부위가 강하게 고정된다는 점은 반대로 생각하면 스스로 고정을 풀기 어려운 경우를 겪을 수도 있다는 말이다.

그동안 필자는 삼단봉을 접지 못해 죄 없는 삼단봉만 괴롭히는 사람들을 많이 봐왔다. 펼치는 동작도 중요하지만, 사용 후 접는

삼단봉을 접은 상태의 길이(왼쪽 26인치, 오른쪽 21인치)

삼단봉을 허리에 찬 모습(왼쪽 26인치, 오른쪽 21인치)

요령도 숙지해야 한다. 삼단봉은 힘 있게 내려쳐서 접기 보다 손잡이 부위를 가볍게 잡고 상단 부위를 바닥에 톡톡 쳐서 접는 방법을 추천한다. 강하게 내려친다고 삼단봉이 쉽게 접히지 않는다.

다음 사진은 체육관 매트에서 삼단봉을 접는 모습이다. 실제로는 체육관 매트같이 쿠션감이 뛰어난 곳보다 콘크리트 바닥같이 단단한 곳을 이용해야 쉽게 접을 수 있다.

삼단봉을 접을 때에는 그립을 가볍게 잡으나 강하게 잡으나 상관없다.

마찰식 삼단봉의 구조적인 특성 때문에 잘 접히지 않는 불편함을 개선한 제품이 버튼식B○○ Camlock, A○○ Talon, M○○ Autolock 등 삼단봉이다. 내부 장치가 늘어난 업그레이드 제품이라 가격 부담이 있다. 마찰식 삼단봉에 비해 비싼 가격임에도 불구하고 버튼식 삼단봉의 기능과 전술적인 면을 중시하는 사람들이 많이 찾는다.

버튼식 삼단봉도 마찰식 삼단봉과 같은 방식으로 펼칠 수 있다.

그런데 버튼식 삼단봉은 손잡이 끝의 버튼을 누른 채 상단 부위^{Tip} 를 잡고 쉽게 펼치고 접을 수 있는 장점이 있어 기도비닉企圖秘匿, Covert activities, 조용히 안 들키고 움직이기이 요구되는 전술적인 상황에서 유용하게 사용할 수 있다.

한 가지 주의할 점은 버튼식 삼단봉의 특성상 마찰식 삼단봉과 같은 방식으로 접어서는 절대 안 된다. 고장의 원인이 될 수도 있으므로 꼭 손잡이 끝의 버튼을 누른 채 반대 손을 이용하여 접어야 한다.

버튼식 삼단봉은 마찰식 삼단봉과 달리 봉연결 부위의 유격으로 펼친 상태에서 흔들림이 발생하거나 마찰식 삼단봉보다 추가된 부품으로 인한 잔고장 발생 등 단점이 있으므로 선택 시 주의해야 한다. 하지만 모든 제품이 이런 단점을 가지고 있는 것은 아니다.

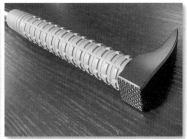

삼단봉에는 기본적 사용법 외 다양한 옵션을 추가할 수 있다.

지금까지 삼단봉의 구조와 특성에 대하여 알아보았다.

다음은 가장 중요한 삼단봉의 사용법을 보자. 삼단봉은 그냥 잡고 휘두르면 되는 것이 아니라 사용할 때 상당한 주의가 요구된다.

삼단봉으로 타격할 때 머리, 목, 명치, 척추 등 인체에 치명적 손상이나 생명에 위험을 줄 수 있는 Red Zone은 반드시 피해야 한다. 상대를 제압한다는 목적을 달성하기 위해 필요한 정도의 경미한 손상과 일시적 고통을 줄 수 있는 팔과 다리 부위가 가장 효과적이다.

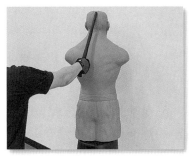

레드존 타격은 피한다.

머리/목 척추 가슴 복부 치명적인 손상 생명에 위험	관절 낭심 몸통 측면 심각한 손상 영구적 장애	팔 다리 근육 부위 일시적인 고통 경미한 손상
Red Zone	**Yellow Zone**	**Green Zone**

삼단봉으로 타격할 부위

　상황에 따라 관절이나 낭심을 타격하는 것이 상황 해결에 좋을 수 있지만, 가능한 상대방의 부상 최소화와 나의 정당방위를 위해 Green Zone을 벗어나지 않아야 한다. 필자는 Green Zone 중 비교적 근육량이 많은 허벅지 부위를 추천하지만, 흉기를 제거하기 위해서는 팔을 타격하는 것이 가장 효과적이다. 상대의 흉기를 제거하지 않은 채 다른 부위를 공략해봤자 흉기는 계속 나를 따라다니기 때문이다.

　Yellow Zone은 Green Zone에 비해 상대에게 극심한 고통을 주고 심각한 손상 및 영구적인 장애로까지 이어질 수 있는 부위여서 주의가 요구된다. 그러나 다른 방법이 없는 부득이한 상황에서는 얼마든지 타격이 가능한 부위가 Yellow Zone이다. 자신의 생존을 포기하면서까지 상대를 배려할 필요는 없다.

삼단봉은 본래의 사용법인 펼친 상태의 타격 외에 접힌 상태에서 타격이나 제압 행위를 보조하는 도구로 활용할 수 있다.

삼단봉을 펼칠 여유나 공간이 없을 때 접어서 사용하면 택티컬 펜이나 쿠보탄 사용과 같은 효과를 낼 수 있다. 접힌 상태 그대로 계속 사용해도 되지만, 타격을 통해 삼단봉을 펼칠 기회가 왔다면 언제든 펼친 상태로 전환할 수도 있다.

또한 삼단봉은 재질의 특성상 상대를 압박하기 좋은 강도를 가지고 있으므로 맨손으로 대응하는 것보다 더 효율적인 제압이 가능하다. 다만 제압 행위를 하다 자신의 삼단봉을 상대에게 뺏기지 않도록 유의해야 한다.

지금까지 삼단봉과 그 사용법을 알아보았다. 삼단봉은 정상적으로만 사용하면 매우 유용한 도구이다. 안타깝게도 각종 불법행위에 삼단봉이 사용되는 사례가 많아 일반인에게 위험한 도구라는 인식이 강하다. 그러나 앞서 얘기한 도구 사용상의 한계만 준수한다면 전혀 문제될 부분이 없다.

삼단봉이라는 도구 자체가 위험한 것이 아니라 그 도구를 사용하는 사람이 위험할 뿐이다. 삼단봉이 위해용품이 되느냐 호신용품이 되느냐는 그것을 사용하는 사람만이 결정할 수 있다.

다음에 삼단봉의 불법사용 사례를 게재하니 이를 참고하여 오직 정당방위 목적으로만 삼단봉을 사용하길 바란다.

【삼단봉 불법사용 사례】

- 2004년 6월 광주 ○○에서 20대 남성이 여성에게 경찰관 행세를 하며 삼단봉까지 미리 준비해 현금과 휴대폰 등을 빼앗음.
- 2008년 5월 수원 ○○에서 30대 남성 2명이 삼단봉과 가스총을 들고 사무실에 침입하여 사무실에 있던 사람들을 폭행함.
- 2009년 5월 서울 ○○에서 40대 남성이 시위 도중 경찰관에게 삼단봉을 휘두르거나 돌을 던지는 등 난동을 부림.
- 2009년 8월 부산 ○○에서 30대 남성이 아내와 불륜관계인 내연남에게 가스총으로 위협하며 삼단봉으로 마구 때리고 합의금 명목으로 1천 5백만 원의 돈을 받아내려고 함.
- 2010년 2월 충남 공주 ○○에서 20대 남성이 도박판에서 돈을 잃자 함께 도박하던 상대방을 삼단봉으로 폭행하고 판돈을 빼앗음.
- 2010년 6월 수원 ○○에서 30대 남성이 귀가하는 여성을 쫓아가 미리 소지하고 있던 삼단봉으로 얼굴을 5차례 폭행한 뒤 70만 원 상당의 휴대전화를 빼앗아 달아남.
- 2011년 8월 서울 ○○에서 30대 남성이 자신에게 이별을 통보한 여자친구와 그 애인을 망치와 삼단봉 등으로 폭행함.
- 2012년 8월 광주 ○○에서 20대 남성이 피해자 일행과 말다툼을 벌인 것에 앙심을 품고 피해자들이 나오길 기다렸다가 삼단봉을 이용하여 폭행함.
- 2014년 10월 전주 ○○에서 40대 남성이 평소 가지고 다니던 철체 삼단봉으로 대리기사를 폭행, 대리기사는 전치 3주의 부상을 입음.
- 2014년 12월 용인 ○○에서 30대 남성이 차선을 양보하지 않는다는 이유로 삼단봉으로 뒤차 유리창을 부수는 등 난동을 부림.

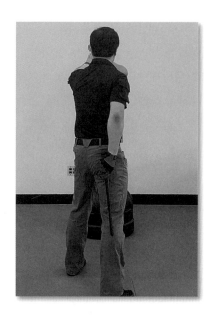

　다시 한 번 강조하면 삼단봉의 구입은 아무런 규제나 자격요건이 없으므로 삼단봉 사용에 대한 컨트롤은 오직 사용자에게 달려 있다. 따라서 사용자의 의도에 따라 방어도구가 되기도 하고, 위해를 가하는 무기가 되기도 한다. 순간의 화는 참기 힘든 고통이지만, 우리 모두 노력하여 오직 정의를 위해서만 삼단봉을 펼쳐야 한다.

　　　　순간의 선택이 평생을 좌우한다.

분사기

흔히 '가스총'이라고 불리는 제품은 「총포·도검·화약류 등의 안전관리에 관한 법률약칭 : 총포화약법」에 분사기로 명시되어 있다. 가스총은 가스를 이용한 추진방식을 가진 총이라는 말로 현행법상 총포에 해당하므로 별도 소지허가가 필요한 제품이지만, 분사기는 그와 성격이 다르다.

【총포·도검·화약류 등의 안전관리에 관한 법률】

제2조(정의)

① 이 법에서 '총포'란 권총, 소총, 기관총, 포, 엽총, 금속성 탄알이나 가스 등을 쏠 수 있는 장약총포裝藥銃砲, 공기총가스를 이용하는 것을 포함한다. 이하 같다 및 총포신·기관부 등 그 부품이하 '부품'이라 한다으로서 대통령령으로 정하는 것을 말한다.

④ 이 법에서 '분사기'란 사람의 활동을 일시적으로 곤란하게 하는 최루催淚 또는 질식 등을 유발하는 작용제를 분사할 수 있는 기기로서 대통령령으로 정하는 것을 말한다.

분사기는 총포, 막대, 만년필 등 다양한 형태의 발사 모형에 최루 또는 질식 등의 작용제를 내장하여 압축가스의 힘으로 작용제를 분사하는 기기로, 소지하려면 현행법상 허가주소지를 관할하는 경찰서장의 허가가 필요한 제품이다. 소지허가를 받지 않는 분사기는 물론 정상적 소지허가를 받은 분사기도 타인에게 빌려주었을 경우 법에 따라 처벌을 받을 수 있으니 주의해야 한다.

참고로 2017. 2. 창원시 ○○에서 애인을 둔기로 폭행한 50대 남성이 지인으로부터 전자충격기를 빌려 소지하고 있었는데, 폭행 피의자의 입건 외 전자충격기를 빌려준 남성도 총포화약법 위반으로 형사 입건되었다.

【총포 · 도검 · 화약류 등의 안전관리에 관한 법률】

제12조(총포 · 도검 · 분사기 · 전자충격기 · 석궁의 소지허가)

① 제10조 각 호의 어느 하나에 해당하지 아니하는 자가 총포 · 도검 · 분사기 · 전자충격기 · 석궁을 소지하려는 경우 행정자치부령으로 정하는 바에 따라 다음 각 호의 구분에 따라 허가를 받아야 한다.

② 건설공사 · 경비 등을 위하여 법인의 대표자 또는 대리인, 사용인, 그밖에 종업원이 산업용총 · 가스발사총 · 마취총 · 분사기 또는 전자충격기를 소지하려는 경우에는 그 법인의 대표자가 허가받으려는 산업용총 · 가스발사총 · 마취총 · 분사기 또는 전자충격기의 수 및 이를 소지할 사람을 특정하여 그 법인의 주된

사업장의 소재지를 관할하는 경찰서장의 허가를 받아야 한다. 이 경우 가스발사총의 소지허가는 이를 소지할 사람이 관계 법령에 따라 무기를 휴대할 수 있는 경우로 한정한다.

제21조(양도 · 양수 등의 제한)

① 화약류를 양도하거나 양수하려는 자는 행정자치부령으로 정하는 바에 따라 그 주소지 또는 화약류의 사용장소를 관할하는 경찰서장의 허가를 받아야 한다. 다만 다음 각 호의 어느 하나에 해당하는 경우에는 그러하지 아니하다.

1. 제조업자가 제조할 목적으로 화약류를 양수하거나 제조한 화약류를 양도하는 경우

3. 화약류의 수출입허가를 받은 자가 그 수출입과 관련하여 화약류를 양도하거나 양수하는 경우

4. 총포의 소지허가를 받은 자가 수렵 또는 사격을 하기 위하여 대통령령으로 정하는 수량 이하의 화약류를 양수하는 경우 (제6조제2항 단서에 따라 총포 판매업자로부터 양수하는 경우만 해당한다)

5. 「광업법」에 따라 광물을 채굴하는 자가 그 광물의 채굴을 목적으로 대통령령으로 정하는 수량 이하의 화약류를 양수하는 경우

③ 화약류의 제조업자, 판매업자 또는 수입허가를 받은 자는 제1항 본문에 따라 양수허가를 받은 자와 제1항 단서에 따라 양수허가를 받지 아니하여도 되는 자 외의 자에게 화약류를 양도하여서는 아니 되며, 누구든지 제조업자, 판매업자 또는 수입허가를

받은 자와 제1항 본문에 따라 양도허가를 받은 자 외의 자로부터 화약류를 양수하여서는 아니 된다.

④ 총포·도검·분사기·전자충격기·석궁의 제조업자, 판매업자, 임대업자, 수입허가를 받은 자 및 소지허가를 받은 자는 총포·도검·분사기·전자충격기·석궁의 제조업자, 판매업자, 수출허가를 받은 자 및 소지허가를 받은 자 외의 자에게 총포·도검·분사기·전자충격기·석궁을 양도하여서는 아니 되며, 이들로부터 총포·도검·분사기·전자충격기·석궁을 양수하여서도 아니 된다. 다만, 총포·도검·분사기·전자충격기·석궁의 제조업 또는 판매업을 양도·양수하는 경우에는 그러하지 아니하다.

⑤ 총포·도검·분사기·전자충격기·석궁의 제조업자, 판매업자, 수출입허가를 받은 자 및 소지허가를 받은 자는 총포·도검·분사기·전자충격기·석궁을 다른 사람에게 빌려주어서는 아니 되며, 다른 자로부터 그것을 빌려서도 아니 된다.

제71조(벌칙)

다음 각 호의 어느 하나에 해당하는 자는 5년 이하의 징역 또는 1천만 원 이하의 벌금에 처한다.

1. 제12조제1항(도검·분사기·전자충격기·석궁만 해당한다)·제2항(분사기·전자충격기만 해당한다)을 위반한 자

3. 제21조제1항·제3항·제4항 또는 제5항을 위반한 자

분사기는 공공의 안전 목적을 위해 소지허가 제도를 두고 있지만, 분사기라고 모두 소지허가를 받아야 하는 것은 아니다.

분사방식을 법에서 규정한 압축가스 방식이 아닌 펌프 방식으로 생산하여 총기, 볼펜, 립스틱의 형태로 온 · 오프라인에서 판매되는 제품은 소지허가를 받을 필요가 없다. 그러나 구매하고자 하는 제품이 압축가스 방식의 제품이라면 반드시 소지허가를 받아야 한다. 펌프 방식은 쉽게 얘기해서 물총과 같은 방식이다.

분사기의 종류는 총포화약법상 총포형 분사기, 막대형 분사기, 만년필형 분사기, 기타 휴대형 분사기 등이 있는데, 일반인들이 흔히 '가스총'으로 부르고 있는 제품이 총포형 분사기이다.

【총포 · 도검 · 화약류 등의 안전관리에 관한 법률시행령】

제6조의2(분사기)

법제2조제4항의 규정에 의한 분사기는 사람의 활동을 일시적으로 곤란하게 하는 최루 또는 질식 등의 작용제를 내장한 압축가스의 힘으로 분사하는 기기로서 다음 각 호의 1에 해당하는 것으로 한다. 다만 살균 · 살충용 및 산업용 분사기를 제외한다.

1. 총포형 분사기   2. 막대형 분사기
3. 만년필형 분사기   4. 기타 휴대형 분사기

분사기에는 최루성분의 약재가 들어 있어 공격자의 안면에 분사하면 시야 차단, 호흡 곤란, 기침, 피부의 화끈거림 등 일시적 기능 장애와 고통을 유발시킬 수 있다. 제품별로 약재의 성분은 대부분 비슷하므로 자신이 휴대하기 좋은 형태의 제품을 구매하면 된다.

분사기의 효과적인 사용부위는 다음과 같다.

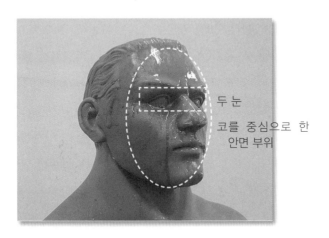

두 눈

코를 중심으로 한
안면 부위

분사기를 효과적으로 사용하려면 타이밍이 매우 중요하다. 우선 분사기를 꺼내서 조준하여 발사하는 과정이 필요하다. 상대에게 제압당해 꺼낼 수 없거나 조준할 수 없는 경우, 상대가 피하거나 조준을 잘못한 경우에는 제대로 된 효과를 볼 수 없다.

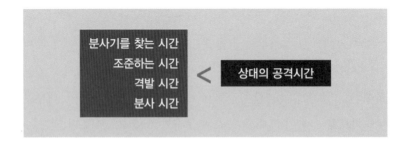

분사기를 찾는 시간
조준하는 시간
격발 시간
분사 시간
< 상대의 공격시간

상황 발생 시 휴대하고 있는 분사기를 꺼내서 조준하고 격발하여 상대에게 자극을 주기까지의 시간이 상대의 공격시간보다 항상 짧아야 원하는 효과를 충분히 낼 수 있다. 대부분 일반인의 리액션 reaction, 반응은 범죄자의 액션action보다 느릴 수밖에 없기 때문에 평소 분사기 사용에 대한 연습이 필요하다.

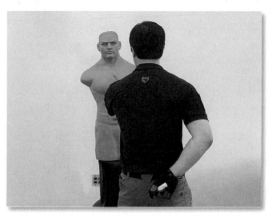

준비되어 있으면 그만큼 빨리 사용할 수 있다.

상황 발생 시 분사기 사용의 타이밍을 놓치지 않기 위한 방법은 두 가지이다. 하나는 휴대위치이고, 다른 하나는 사용거리인데, 이 두 가지만 잘 지켜도 분사기를 신속하고 정확하게 사용할 수 있다.

분사기의 휴대위치는 사용의 신속성으로 이어진다. 분사기 휴대위치가 외부가 아닌 가방 속 깊숙한 곳이라면 분사기를 찾아서 꺼내는 시간이 필요하다. 안타깝게도 상대의 공격속도는 그런 시간적 여유를 주지 않는다.

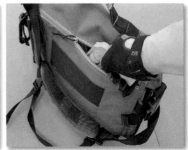

분사기는 재빨리 사용할 수 있는 위치에 휴대한다.

가방의 외부 주머니나 자신의 옷 주머니에 휴대하는 것이 신속한 사용을 위해 가장 좋다. 부득이 가방 속에 휴대하더라도 위험이 느껴질 경우 상대에게 노출되지 않도록 분사기를 꺼내 손에 든 상태로 사용 준비를 하는 것도 하나의 방법이다.

분사기는 총기와 달리 거리가 멀면 멀수록 효과가 감소되기 때문에 정확도와 약재효과를 고려하여 가능한 가까운 거리에서 사용해야 한다. 분사기펌프식 분사기의 유효사거리가 3~5m 정도라고 적혀 있지만, 필자의 실험시중에서 구할 수 있는 최신 제품들을 사용한 1~5m 거리별 테스트에 의하면 정확도와 안면 분사량을 기준으로 1~2m가 가장 효과적이고, 2m가 넘어가면 사용효과가 떨어졌다.

필자의 실험은 상대가 아무런 액션을 하지 않는 안정된 환경에서 이루어졌다. 환경이 안정되고 충분한 조준이 이루어졌음에도 2m 이상의 거리에서 분사기를 사용한 경우에는 2m 이내의 거리에서 사용한 경우보다 효과적인 결과가 나오지 않았다. 만약 실제 상황이라면 내·외적인 영향으로 정확한 조준 및 사용이 더욱 힘들 것이다.

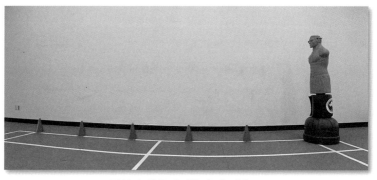

분사기 사용거리별 효과 테스트

따라서 분사기는 최소 2m^{필자는 2m도 멀다고 생각한다} 이내에서 적절한 타이밍에 사용해야 효과적이다. 특히 펌프방식의 분사기는 분사 방식상^{분무기나 물총이 처음에는 잘 안 나오다가 압력이 높아지면 강력하게 분사되는 것과 같은 원리} 초기 분사에 실패할 경우도 있으니 짧게 여러 번 분사하는 연습을 해야 한다.

2m 이내의 짧은 거리 내에서 분사할 때 유의할 점은 상대에 의해 분사 시도가 제지당할 수 있다는 점이다. 그래서 분사기를 든 팔도 중요하지만, 반대 팔을 적극 이용하여 상대의 접근 및 제지를 차단하여 원활한 분사가 이루어지도록 해야 한다.

양손을 이용하여 조준해야 성공확률이 높다.

분사기 사용 타이밍은 상대의 안면이 자신 앞에 충분히 노출되었을 때가 가장 좋다. 상대를 위협하기 위해 분사기를 미리 꺼내 조준하는 것은 좋지 않다. 그런 위협행위 자체가 상대에게 당신이 어떠한 행위를 할지 친절하게 알려주어 상대가 준비하고 대응할 기회를 주기 때문이다.

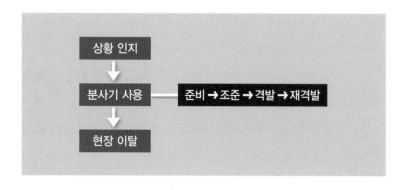

분사기를 제대로 사용하여 상대가 고통을 느끼기 시작했다면 망

설이지 말고 즉시 현장을 벗어나야 한다. 분사기 사용은 상대를 완전히 제압하기보다 상대의 공격을 일시적으로 제지하는 데 있다. 벗어날 수 있는 기회의 창이 닫힐 때까지 현장에 머무르면 또 다른 피해를 입을 수 있다.

일반인의 분사기 사용은 법집행관의 행위와는 달리 법령과 매뉴얼에 의한 사용이 아니므로 이렇게 하면 되고 저렇게 하면 안 된다는 기준이 없다. 그렇기 때문에 사용할 때 더 주의가 요구되고, 분사기 사용법을 충분히 연습해두어야 한다.

분사기 사용 연습은 총기 사격과 같이 특정 테크닉이 요구되는 것은 아니다. 연습용 분사기처럼 트레이닝용 제품이 별도로 있으면 좋으나, 연습용이 없어도 실제 분사기를 가지고 반복연습을 해보자. 다만 사용자의 안전과 약재 재충전이라는 수고를 덜기 위해 안전장치가 있는 제품은 안전장치를 꼭 해두는 것이 좋고, 안전장치가 없다면 격발부위에 절대로 손가락을 가져가지 않도록 한다.

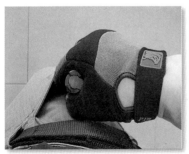

조준 · 격발 연습을 반복하면 실제 사용할 때 당황하지 않는다.

연습할 때 주의가 요구되는 가스식 분사기와 달리 펌프식 분사기는 여러 번 사용하더라도 약재가 바닥이 나는 경우가 드물다. 펌프식 분사기를 구매했다면 몇 번 정도 직접 사용을 해보는 것이 실제 사용할 때 많은 도움이 된다. 사람을 대상_{약재의 고통을 과감하게 견딜 수 있는} _{파트너}으로 연습해도 되지만, 대상자가 겪을 고통을 생각해서 벽이나 다른 물건을 향해서 조준·격발하는 연습을 실시해도 상관 없다.

　분사기는 앞서 소개한 삼단봉과는 다른 성질의 도구이다. 따라서 휴대에서부터 사용에 이르기까지 세심한 주위가 필요하다. 다음의 체크리스트 중 어느 하나 부족한 점이 있다면 사용을 하지 않는 것이 자신을 위해 도움이 된다.

분사기 사용을 위한 체크리스트

☑ 소지허가 대상 여부
☑ 분사기 성능
☑ 휴대방법
☑ 사용방법에 대한 연습
☑ 사용상의 주의점

memo

분사기 테스트를 위해 필자가 본인의 안면에 분사기를 실제 사용해보았더니 얼굴의 화끈거림과 함께 눈을 제대로 뜰 수 없을 정도로 고통스러웠다. 범죄자 또한 사람이기에 필자와 같은 느낌일텐데, 안면에 정확하게 사용한다면 충분히 만족할 만한 효과를 볼 수 있을 것이다.

소형 스틱

한 손에 잡히는 소형 스틱류는 다른 도구에 비해 가격부담이 적고, 휴대가 간편하며, 사용법이 단순하다. 비쌀수록 성능이 좋은 삼단봉과 분사기에 비해 소형 스틱류는 가격이 저렴하더라도 상대에게 주는 고통은 무시할 수 없다.

대표적인 소형 스틱류에는 쿠보탄kubotan과 택티컬펜tactical pen이 있다. 쿠보탄과 택티컬펜이라는 명칭은 하나의 상품명이다. 이와 유사한 형태와 기능을 가진 제품이 많이 시판되고 있으니 참고하길 바란다.

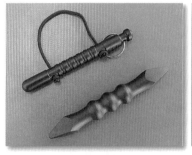 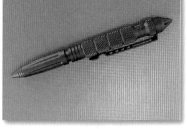

| 쿠보탄 | 택티컬펜 |

쿠보탄kubotan은 길이가 10~15cm 정도의 호신용 스틱이다. 한 손에 잡히는 크기이므로 휴대 및 사용이 편리하다. 기본적인 키체인keychain 형태의 제품을 비롯하여 택티컬펜tactical pen의 기능이 추가된 제품도 있다. 재질은 금속, 목재, 플라스틱 등 다양하므로 선

호하는 형태와 재질의 도구를 선택하면 된다.

휴대가 간편한 곳은 외부 주머니이다.

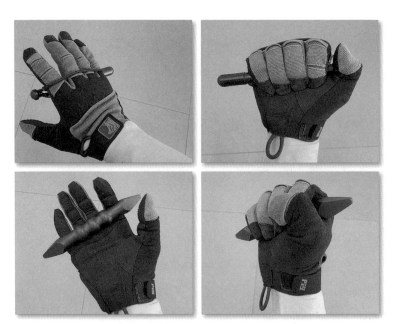

쿠보탄은 손가락 첫째마디에 올려놓고 말아서 잡는다.

택티컬펜tactical pen은 전술적인 용도의 펜이라는 뜻으로, 우리가 평소 들고 다니는 볼펜을 강도와 기능을 강화한 제품이다. 기본적인 기능인 필기는 물론이고, 상황 발생 시 사람을 타격하는 것 외에 제품의 특징에 따라 차량유리 등의 파쇄도 가능하다.

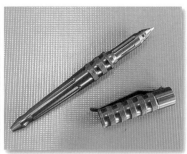

일상적인 펜 기능 + 쿠보탄의 기능

택티컬펜은 제품의 크기나 무게에 대한 부담이 없어 얼마든지 휴대할 수 있으며, 필자가 비상용 도구로 추천하는 제품의 하나이다. 펜은 칼보다 강하다는 말처럼 택티컬펜은 강하다.

유리 파쇄 기능이 추가된 택티컬펜

소형 스틱류는 차량유리 파쇄를 위한 목적이 아니라면 어떤 재질을 선택하든 상관없다. 그러나 도구의 특성상 삼단봉과 같은 충격용 도구이므로 사용상 주의가 요구된다.

소형 스틱류의 효과적인 사용부위는 다음과 같다.

- 낭심, 안면 등 타격에 취약한 부위
- 손목, 발목, 팔꿈치, 무릎 등 관절부위
- 정강이, 쇄골 등 뼈가 만져지는 부위

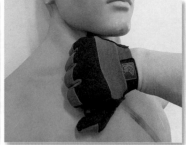

소형 스틱류는 사용 부위에 휘두르거나 찍어서 눌렀을 때 공격자에게 충분한 고통을 줄 수 있기 때문에 그 틈을 이용하여 공격자로부터 벗어날 수 있는 시간벗어나는 동작을 천천히 해도 좋다는 말은 아니다을 벌 수 있다. 특히 상대에게 잡혔을 때 비교적 타격에 취약한 부위인 손등·손목·무릎 등 관절 부위에 사용하면 효과적이다.

상황에 따라 낭심이나 안면 부위를 타격하면 상대에게 극심한 고통을 준다. 한 가지 주의할 점은 눈 부위에 직접적으로 사용하면 치명적인 부상을 유발할 수 있기 때문에 가능한 피한다.

앞에서 언급했듯 소형 스틱류는 가격대비 활용도가 매우 높다. 그래도 사용에 부담을 느끼는 사람이 있다면 시판 중인 제품을 구입하지 않더라도 평소 휴대하는 펜, 손전등, 전자담배를 활용할 수도 있다.

"도구에 대한 맹신盲信이 아닌
관심과 노력이 도구를 빛나게 한다."

수갑은 호신용품인가

수갑은 호신용품이다? 아니다?

수갑하면 경찰관들이 "당신은 변호사를 선임할 권리가 있으며……"라고 「미란다원칙」을 고지하면서 범인의 양손에 수갑을 채우는 장면이 떠오를 것이다. 오랜 세월 동안 수갑은 경찰관의 상징과도 같은 존재로 인식되었고, 경찰관의 법집행을 돕는 경찰장구 역할을 했다.

법률상 수갑은 사람의 생명이나 신체에 위해를 끼칠 수 있는 위해성 경찰장비에 해당하여 그 사용에 주의가 요구됨에도 불구하고 수갑을 호신용품으로 가지고 다니는 사람이 간혹 있다.

【위해성 경찰장비의 사용기준 등에 관한 규정】

제2조(위해성 경찰장비의 종류)

1. 경찰장구 : 수갑 · 포승捕繩 · 호송용포승 · 경찰봉 · 호신용경
   봉 · 전자충격기 · 방패 및 전자방패

수갑은 미성년자만 아니면 온 · 오프라인상에서 누구든 구매할
수 있다판매자에 의한 신분증 확인이나 서약서 등 일정 절차를 거침. 그런데 필자는
일반인들의 수갑 구매를 추천하지 않는다. 필자가 경찰관이 되기
전 민간 경호원 생활을 하며 분사기와 함께 수갑을 들고 다닌 적이
있었다. 그당시 일반인의 수갑 휴대를 제재하는 법은 없었다.

그러나 경찰장비 사용에 관련된 문제가 많이 발생되자경찰관 사칭.
불법 체포 행위 등 경찰장비의 무분별한 유통과 사용을 방지하기 위해
2015년 12월부터 「경찰제복 및 경찰장비의 규제에 관한 법률」약칭
: 경찰제복장비법이 시행되었다.

【경찰제복 및 경찰장비의 규제에 관한 법률】

제1조(목적)

이 법은 경찰제복 및 경찰장비의 제조 · 판매와 그 착용 · 사용에 관
한 사항을 규제함으로써 경찰제복 및 경찰장비의 무분별한 유통 ·
사용을 방지하고 경찰의 명예와 품위를 유지 · 향상시키는 데 기여
함을 목적으로 한다.

제9조(경찰제복 등의 착용 · 사용 등의 금지)

① 경찰공무원이 아닌 자는 경찰제복 또는 경찰장비를 착용하거나 사용 또는 휴대하여서는 아니 된다.

② 누구든지 유사경찰제복을 착용하여 경찰공무원과 식별이 곤란하도록 하여서는 아니 된다.

③ 누구든지 유사경찰장비를 착용하거나 사용 또는 휴대하여서는 아니 된다.

제12조(벌칙)

② 제9조제1항부터 제3항까지를 위반한 자는 6개월 이하의 징역이나 300만 원 이하의 벌금, 구류 또는 과료에 처한다.

【경찰제복 및 경찰장비의 규제에 관한 법률시행규칙】

제2조(경찰장비의 범위)

① 「경찰제복 및 경찰장비의 규제에 관한 법률」(이하 '법'이라 한다) 제2조제2호에서 '경찰의 직무수행을 위하여 필요한 장비 중 행정자치부령으로 정한 것'이란 다음 각 호의 장비를 말한다.

1. 경찰수갑
2. 경찰방패
3. 경찰권총 허리띠
4. 경찰차량 및 이륜차(경광등 및 도색 · 표시만 해당한다)

위의 법률에서 '경찰공무원이 아닌 자'는 당연히 신분상 경찰공무원이 아닌 사람, 즉 일반인을 말한다. 그리고 경찰공무원이 아닌 사람이 "경찰장비를 착용하거나 사용 또는 휴대하여서는 아니 된다."고 명시되어 있다.

동법 시행규칙 제2조제1항의 '경찰수갑'은 경찰장비의 범위에 속한다. 따라서 이를 위반할 경우는 6개월 이하의 징역이나 300만 원 이하의 벌금, 구류 또는 과료에 처해지는 벌을 받는다. 단순히 호신용품으로 사용하기 위해 수갑을 구매했다 하더라도 법률상 그 행위는 정당화될 수 없다.

현재 「경찰제복장비법」이 시행되고 있어서 일반인이 수갑을 휴대 및 사용하는 것은 위법행위이며, 휴대목적이 정당방위를 위해서라도 사용에 대한 책임에서 자유롭지 않다. 우리나라의 형법에서도 일반인의 체포행위를 규제하고 있다.

【형법】

제276조(체포, 감금, 존속체포, 존속감금)

① 사람을 체포 또는 감금한 자는 5년 이하의 징역 또는 700만 원 이하의 벌금에 처한다.

철제 수갑 고정식 수갑 한 손 수갑

경찰제복장비법상 규제대상 경찰장비 중 경찰수갑

법률상에는 위 3가지 종류의 수갑을 열거해 놓았다. 이는 예시
이므로 위에 해당하지 않는 수갑이라도 힌지hinge, 경첩 형태의 수갑
등 경찰 수갑과 유사한 형태의 수갑 역시 유사 경찰장비에 해당하
여 법적 처벌이 가능함에 유의해야 한다.

「경찰제복 및 경찰장비의 규제에 관한 법률시행규칙」 참고

비상시 활용 가능한 일상용품

평소 자신의 안전을 위해 호신용품을 휴대하는 사람도 있겠지만, 대부분은 비무장 상태이다.

그러나 굳이 호신용품을 휴대하지 않더라도 자기방어를 위한 정신적 무장이 되어 있는 것만으로도 위급한 상황을 해결하는 데 많은 도움이 된다. 정신적으로 무장되어 있지 않으면 휴대한 도구가 있더라도 사용할 기회를 놓치지만, 정신적 준비상태가 철저한 사람은 도구가 없더라도 현장의 도구를 적극 활용하는 지혜를 만든다.

위험에 처했을 때 평상시 자신이 휴대하고 있는 물품이나 주위의 도구를 적극 이용하면 호신용품과 같은 효과를 볼 수 있다. 가방, 우산, 벨트, 볼펜, 스마트폰 등 일상적인 물품들은 타인에게 주목받지 않는 도구들이어서 휴대하는 데 전혀 불편함이 없다. 법적인 측면에서도 호신용품에 비해 위험한 물건으로 취급받을 확률이 적다. 다만 방어행위를 하다보면 자신의 소중한 물품이 손상되는 단점이 있으나, 비무장 상태로 대응해서 자신의 신체에 손상을 입는 상황보다 훨씬 낫지 않겠는가!

memo

일상용품 또한 쓰임새에 따라 상대에게 위해를 가하는 무기나 위험한 물건이 될 수 있다. 최소한의 방어행위를 위해 활용해야 하며, 잘못된 사용은 법적 책임에서 자유로울 수 없음을 항상 생각해야 한다.

스마트폰

스마트폰은 전국민의 필수 휴대품 중 하나이다. 길을 걸을 때에도 손에 스마트폰을 들고 다니는 경우가 대부분이어서 상황 발생 시 가장 신속하게 사용할 수 있다.

스마트폰은 금속이라는 재질의 특성상 상대방에게 충분한 충격을 줄 수 있고, 상대의 안면 부위나 주요 관절 부위를 타격하면 극심한 통증을 유발시키는 효과가 있다.

스마트폰을 사용할 때는 4개의 면 부위보다 모서리를 활용해야 상대에게 더욱 강한 충격을 주어 효율적 대응이 가능하다. 혹시 스마트폰이 너무 고가라 파손 우려자신의 생명보다 소중할까 의문은 든다 때문에 사용하는 데 부담이 된다면 스마트폰 대신 휴대용 배터리를 이용하길 바란다. 스마트폰이나 휴대용 배터리는 가격만 다를 뿐 사용효과는 동일하다.

스마트폰은 모서리로 타격하는 것이 가장 효과적이다.

　상대에게 강한 충격을 주기 위해서는 제품 자체의 강도도 중요하지만, 제품을 잡고 있는 자신의 그립이 중요하다. 그립이 강하지 않은 상태에서 상대를 타격하면 제대로 된 힘이 전달될 수 없을 뿐더러 스마트폰을 손에서 놓치는 실수를 하게 된다.

휴대용 배터리도 사용 효과는 동일하다.

볼펜

누구나 가방이나 주머니에 볼펜 한두 자루씩은 있을 것이다. 볼펜은 일상적인 글쓰기 도구지만, 호신용품인 택티컬펜tactical pen이나 쿠보탄kubotan과 같은 역할을 할 수 있는 유용한 도구이다.

볼펜을 자기방어 용도로 활용하기 위해서는 휴대 위치가 중요하다. 가방 속 깊숙이 보관하기보다 상의나 하의 주머니 속에 휴대하여 즉시 사용 가능하도록 해야 대응에 효과적이다.

상황 발생 시 볼펜이 손에서 빠지지 않도록일반적인 볼펜은 쿠보탄이나 택티컬펜에 비해 몸통 둘레가 작다 강하게 잡고 상대의 안면 부위나 주요 관절 부위를 타격하면 충분한 효과를 볼 수 있다.

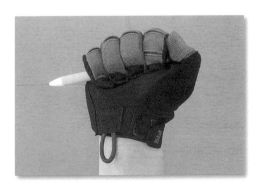

볼펜이 빠지지 않도록 강하게 잡는다.

볼펜의 사용법은 소형 스틱류의 사용법과 같다.

스프레이

에어파스와 같은 스프레이가 눈에 들어가서 고생한 경험이 있었을 것이다. 이런 특징으로 인해 분사기와 같은 성능을 가진 도구는 아니더라도<small>내부에 캡사이신 성분이 없더라도</small> 스프레이 약재의 강한 자극을 이용하면 현장에서 벗어날 시간을 벌 수 있다. 사용방법 또한 어렵지 않아 버튼 누를 힘만 있다면 누구든 사용 가능하다.

다만 분사압력이 너무 약해 근접거리에서 눈 부위에 정확하게 분사해야 한다. 만약 분사에 실패했다면 재시도를 통해 상대를 더욱 격분시키지 말고 차라리 상대의 얼굴에 던져버린 후 다른 방법을 모색하는 편이 낫다. 스프레이는 근거리에서 다른 방안이 없을 때 활용할 수 있는 보조수단일 뿐 최선의 선택은 아니기 때문이다.

근접분사가 가장 효과적이다.

　　스프레이를 분사 용도로만 제한하지 말자. 대부분 스프레이 용기는 단단한 재질이라 분사용 외에 타격용으로도 얼마든지 활용할 수 있다. 주요 타격 부위는 소형 스틱류와 같이 안면이나 관절 부위, 낭심 등 급소이다.

모래나 흙

누구나 한번쯤은 모래나 흙이 눈 속에 들어가 눈 뜨기 어려웠던 적이 있었을 것이다. 자기방어가 필요한 상황에서는 모래나 흙도 호신용 스프레이와 같은 역할을 한다. 내가 있는 곳이 모래나 흙바닥이라면 쉽게 쥐고 사용할 수 있다. 그 외 장소에서는 주위의 화단이나 화분 속의 흙을 이용한다.

모래나 흙을 사용하기 위해서는 상대가 나의 손에 모래나 흙이 있는지 몰라야 사용효과를 극대화할 수 있다. 상대가 보는 앞에서 손으로 잡을 것이 아니라, 사전에 준비하거나 미처 눈치 채지 못하게 준비해야 한다.

모래나 흙을 근거리에서 정확한 타이밍에 안면에 뿌리면 눈뜨기 어려울 정도의 통증과 함께 상대의 시야를 제한하여 쉽게 벗어날 수 있는 기회를 만들 수 있다. 이때 상대가 눈을 감거나 고개를 돌려서 나의 대응이 실패할 경우를 대비하여 낭심이나 안면을 동시에 타격하는 방법도 효율적이다.

　모 개그 프로그램에서 후춧가루 공격의 중요성을 강조하는 코너를 본 적이 있다. 위기상황을 벗어나기 위해 후춧가루를 뿌리는 스승의 모습을 본 제자는 대수롭지 않게 넘기며 다른 테크닉을 원했는데, 그냥 웃어넘기기에는 스승의 가르침이 현명해 보였다.

　후춧가루와 같은 가루 형태의 자극적인 물질도 어떻게 활용하느냐에 따라 맛있는 음식의 재료가 되기도 하고, 자기방어의 유용한 도구가 되기도 한다.

벨트

벨트는 채찍과 같은 역할을 한다. 근거리보다 어느 정도 거리가 있을 때 휘두르면 상대의 접근을 제한하거나 타격을 위한 용도로 활용할 수 있다.

벨트를 사용할 때는 미끄러짐이나 상대에게 빼앗기는 것을 방지하기 위해 말아서 쥐는 방법으로 견고하게 잡아야 한다.

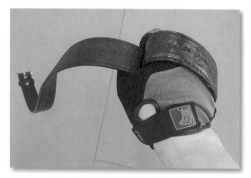

견고하게 잡아야 효과적이다.

주요 공격부위는 안면을 포함한 머리 부위이며, 다른 부위는 상대의 공격을 제지할 만큼 큰 효과를 볼 수 없다. 특히 두꺼운 점퍼를 입는 겨울에는 더욱 그렇다.

벨트를 사용하려면 허리에서 풀러 손으로 말아 잡아야 하는 시간적 여유가 필요하므로, 사전에 위험이 인지된 경우가 아니면 사용하기 어렵다. 또한 도구의 특성상 타깃target을 향해 정확하게 휘두르는 연습이 필요하다.

우산

우산은 삼단봉과 같은 스틱 형태의 도구로 활용할 수 있다. 상대와 거리가 있을 때 우산을 휘두르거나 찔러서 상대의 접근을 제지하기도 하고, 타격 용도로도 사용할 수 있다.

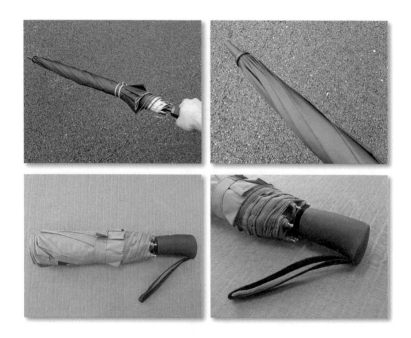

우산을 찌르기 위한 용도가 아닌 타격을 위한 용도로 활용할 때에는 몸통 부위보다 단단한 손잡이 부위가 효과적이다. 또 상대에게 강한 충격을 주려면 근육이 많은 몸통보다 안면이나 관절 부위가 좋다.

우산은 접힌 상태에서 타격해야 안정적으로 타격할 수 있다.

우산은 근거리에서 상대를 제압하기 위한 도구로 활용할 수도 있다. 접근전에 자신이 없으면 아래 그림과 같은 상황으로 가서는 안 되고, 상대를 계속 타격하면서 벗어날 기회를 만들어야 한다.

가방

가방은 작은 핸드백에서부터 백팩같은 큰 가방에 이르기까지 생활 필수품 중 하나가 되었다.

가방의 사용방법은 2가지이다. 하나는 상대의 접근을 제지하기 위해 휘두르거나 막는 방어용이고, 다른 하나는 상대에게 충격을 주기 위한 타격용이다.

가방은 방어용에 가까운 도구이다.

핸드백과 같은 작은 사이즈의 가방은 상대의 공격을 직접 막는 용도로 사용하기보다 핸드백끈을 움켜잡고 상대의 안면을 향해 휘둘러서 상대의 접근을 제지하는 용도로 활용하는 것이 좋다. 노트북 가방이나 백팩처럼 비교적 사이즈가 큰 가방은 한 손 또는 양 손으로 가방을 잡은 채 상대의 공격을 직접 막는 용도로 활용할 수 있다.

가방을 타격용으로 사용할 때에는 재질이 강하고 무거울수록 상대에게 강한 충격을 줄 수 있다. 그리고 몸통 공격보다 안면을 타격할 때 더 효율적이다.

타격할 때 가방의 모서리 부분을 이용하면 좋다

가방은 직접적인 방어와 타격 외에도 상대와 나 사이에 완충공간 역할도 한다. 상대와 가방을 사이에 두고 나의 도구를 꺼내거나 사용할 준비를 한다면 가방이 중간 차단막 역할을 하면서 상대를 제지하고 있어 나의 행동에 도움을 준다.

음료

도시의 흔한 풍경 중의 하나가 커피 한 잔을 손에 들고 거리를 걷는 모습이다. 향기로운 커피 한 잔은 우리의 입과 코를 즐겁게 하지만, 자기방어 도구로도 활용 가능하다.

음료를 상대의 눈 부위에 뿌리면 상대의 시야를 일시적으로 제한할 수 있다. 일반적으로 음료는 손에 들고 다니는 경우가 많으므로 신속하게 사용할 수 있다. 뜨거운 액체가 가장 효과적이고^{단순히} 상대의 언행이 거칠다고 사용하는 경우가 아닌 심각한 상황을 가정한 것임, 찬 액체라도 일시적인 시야 차단에는 문제가 없다.

캔 음료는 상대 안면에 던지거나 손에 움켜잡은 채 타격하는 용도로 활용할 수 있다. 음료의 사용은 다른 도구에 비해 충격의 전달이 크지 않으므로 낭심이나 안면 타격을 병행해야 더 효율적이다.

손전등

손전등을 생활 필수품처럼 들고 다니는 사람은 거의 없을 것이다. 그런데 손전등은 다른 도구에 비해 활용범위가 가장 넓은 도구이다. 손전등은 어둠을 밝히는 본래 용도 외에 상대에게 눈부심을 주거나 쿠보탄과 같은 타격용 도구로도 활용할 수 있다.

손전등 앞부분은 타격하거나 유리를 파쇄할 수 있다.

타격 용도로 활용하기 좋은 손전등은 위 사진과 같이 전면부에 추가장치strike bezel가 있거나, 별도의 추가장치없이 둥근 테두리의 전면부가 있다.

손전등을 타격용 외 활용하는 쉬운 방법은 손전등 빛을 이용한 시야의 차단이다. 주간이나 야간의 구분없이 손전등을 상대의 안면부에 비추면충분한 효과를 위해 원거리보다 근거리에서 활용하는 편이 좋다 눈부심으로 인해 상대의 시야가 제한되고, 손전등을 제거하더라도 잔상이 남아 눈에 불편함이 남는다.

손전등을 상대의 얼굴에 비추는 시간과 나의 행동은 순간적이어야 한다.

한 가지 주의할 점은 손전등 불빛은 아주 잠깐 동안만 상대의 시야를 제한한다는 점이다. 상대가 빛을 제거하기 위해 손전등을 치거나 나를 공격하는 등 대응행위를 할 수 있으므로 재빨리 벗어나야 한다.

손전등의 빛과 나의 행동^{타격 후 도망}은 순간적으로 동시에 이루어져야 원하는 결과를 얻을 수 있다. 빛 따로 행동 따로 하면 상대를 자극만 할 뿐 아무런 도움이 되지 않는다. 오랜 시간 상대의 안면부에 손전등을 비추는 행위보다 시야가 제한된 틈을 노려 즉시 도

손전등은 눈부심과 함께 타격용 도구로도 활용할 수 있다.

망가는 것이 가장 효율적이다.

손전등은 휴대성과 사용목적을 고려하여 구매하면 되는데^{필자의} ^{손전등은 4~5만 원대의 저가품이지만 성능은 고가품 부럽지 않게 잘 사용하고 있다} 너무 크거나 작은 사이즈는 효율적으로 사용하기 어렵다. 손전등을 손으로 잡았을 때 상대를 타격할 수 있도록 타격 부위가 어느 정도 밖으로 나와 있어야 적당한 사이즈라 할 수 있다^{사이즈가 큰 제품은 활용} ^{도는 좋으나 휴대방법을 생각해봐야 한다}.

참고로 유리 파쇄용으로 특별히 제작된 손전등은 차량이나 건물 내에서 탈출용 도구로 활용할 수도 있다.

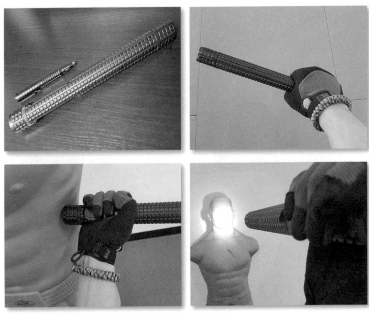

손전등의 사이즈가 크면 사용에는 효과적이나 휴대가 불편하다.

열쇠

호신용품 중에 도그 키체인^{dog keychain}이 있다. 개의 눈부위에 손가락을 집어넣어 강한 그립을 형성한 후 뾰족한 두 귀부분으로 상대에게 타격을 가하는 도구이다. 사용방법에 따라 치명적인 위해를 가할 수 있으므로 사용할 때 주의해야 한다.

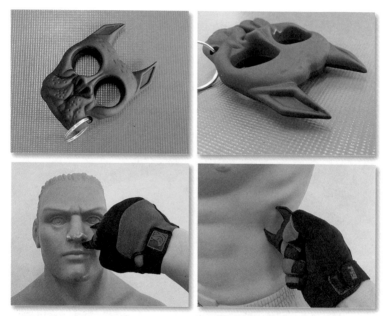

도그 키체인은 사용할 때 주의해야 한다.

우리가 일상에서 사용하는 열쇠도 도그 키체인과 같은 효과를 낼 수 있다. 강한 충격을 전달하기 위해서 손가락 사이로 튀어 나오도록 열쇠를 단단히 잡는 것이 무엇보다 중요하다.

열쇠의 고정이 중요하다.

지금까지 스마트폰에서부터 열쇠에 이르기까지 비상시 활용 가능한 도구를 알아보았다. 이상의 도구들은 예시이므로 자신이 휴대한 어떤 물품이든 그 특성을 이용하여 자기방어용 도구로 사용할 수 있다. 손에 잡히는 모든 것을 도구로 활용해서 자신의 부상을 최소화하고, 상대에게 효과적인 충격을 전달하는 것이 도구 사용의 목적이다.

그런데 필요에 의해 사용한 도구가 자신을 위험에 빠뜨리게 해서는 안 된다. 따라서 평소 이와 관련된 연습을 꾸준히 하여 실제 상황 발생 시 신속 정확하게 대응하도록 하자.

자기방어의 성패成敗는 도구에서 나오지 않는다. 도구가 중요한 것이 아니라 도구를 활용하는 사람이 어떤 준비가 되어 있는지가 중요하다.

"위기의 순간

자신의 움직임을 스스로 제한해서는 안 된다.

활용 가능한 모든 것을 사용하여

현장을 벗어나야 한다."

5

어떻게 연습할 것인가

수련종목의 선택

인간의 격투능력을 향상시킬 수 있는 종목은 그 수를 헤아릴 수 없을 만큼 다양하다. 다양하다는 것은 수요자 입장에서 선택의 폭이 넓어지는 긍정적인 측면도 있지만, 사람들의 선택을 받아야 하는 해당 종목의 관계자들 입장에서는 비즈니스적 생존을 위해 다른 종목과의 경쟁이 불가피하다는 점도 있다. 물론 긍지와 자부심 하나로 묵묵히 자신의 길을 걸어가는 사람도 있지만, 경쟁에 뒤처지면 자연스럽게 도태되는 현상은 어쩔 수 없다.

다른 종목과의 경쟁에서 살아남기 위해 종목 관계자들은 자기 종목의 다양한 콘텐츠 개발 및 연구를 통한 종목 차별화에 노력을 기울인다. 이와는 반대로 다른 종목에 대한 비판과 왜곡된 정보 전달을 통해 자신의 종목을 부각시키는 경우도 있다. 안타깝게도 필자는 후자의 경우를 많이 봐왔는데, 그들이 다른 종목을 비판할 때 주로 내세우는 기준은 해당 종목이 가지는 정통성과 실전성이다.

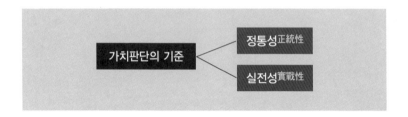

정통성과 실전성, 이 두 가지 기준만이 자기방어를 위한 수련종목 선택의 지름길일까? 필자의 대답은 NO이다. 자기방어가 필요한 상황은 어떤 단일 종목의 시각으로 접근해서 해결될 문제가 아니기 때문이다.

정통성正統性

정통성정식으로 계승되어 오는 바른 계통의 자격은 해당 종목이 가지는 프라이드pride이고 계승시켜야 할 사항이다. 그러나 현장에서 중요한 점은 종목이 가지는 브랜드 가치가 아니고, 자기방어라는 본질에 대한 이해이다.

실전성實戰性

싸워서 이기기 위한 '무武'의 태생적 특성상 실전성은 끊임없는 논란거리다. 다른 종목에 비해 넓은 범위의 신체를 사용하고 다양하게 움직인다고 해서 실전에 강하다는 보장은 없다. 실전성은 개념 자체가 명확하지 않기 때문에 각 종목이 만들어낸 실전과 현장의 실전은 다를 수밖에 없다.

정통성이 확실하다고 자기방어가 확실해지지 않으며, 대인적인 격투능력이 뛰어나다고 자기방어 환경에서 살아남을 확률이 높다고 단언할 수 없다. 자기방어가 필요한 현장은 예측할 수 없는 일들로 가득하다. 틀 속에 갇혀 판단하면 틀 밖의 현실에 당황하기 마련이다.

"Survival of the Fittest적자 생존"

−H. Spencer스펜서−

우리는 특정 종목이 정한 환경에 적합한 사람이 되어야 하는 게 아니라, 자기방어라는 현장 환경에 적합한 사람이 되어야 한다. 정통성과 실전성에 대한 고민이 아닌 자기방어 현장을 잘 이해하고 스스로 살아남는 방법을 모색한 자가 살아남는다.

현장의 환경적 특성과 움직임의 원리를 모른 채 해당 종목의 테크닉만 암기한다고 상황이 해결되지 않는다. 개별 종목이 가지는 틀은 수련을 위한 틀일 뿐 현장의 틀과 동일시하는 오류를 범해서는 절대 안 된다.

자기방어를 위해 어떤 종목을 배우든 그것은 중요한 문제가 아니다. 하나의 종목을 배운다는 것은 자신의 신체능력을 향상시키기 위한 수단일 뿐 종목 자체가 자신을 지켜주지 않는다.

따라서 평소 자신이 수련한 종목을 현장에서 어떻게 적용할지 생각하고 반복 연습을 해야 한다.

종목의 효용을 논하면서 아까운 시간을 낭비하지 않았으면 한다. 세상에 필요 없는 것이란 없다. 필요 없다고 느끼는 사람만 존재할 뿐이다. 스스로 어떤 의미를 부여하고 사용하느냐에 따라 필요한 것이 되기도 하고 불필요한 것이 되기도 한다. 남들이 만들어낸 편견에 흔들리지 말고 자신만의 길을 걷길 바란다.

memo

수련종목 선택을 위한 필자의 조언 : "절대 고민하지 말라."

덧붙이는 말

많은 외국계 격투기 종목들이 우리나라에 들어와 있다. 다양한 교육의 기회를 접할 수 있다는 점은 교육생 입장에서 다행스러운 일이지만, 종목들이 다양해지고 서로 경쟁을 하다보니 그에 따른 부작용이 발생되기도 한다. 교육생이 자신이 원하는 것을 얻으려면 많은 시간이 필요한데, 잘못된 습관을 익히느라 소중한 시간을 낭비하는 경우도 있다.

대부분 교육생은 교육 받은 대로 행동한다. 교육은 흥미도 중요한 요소이지만, 올바른 교육자라면 교육생에게 교육의 목적과 필요성 그리고 법적 한계와 책임까지 명확히 인지하도록 이끌어주어야 한다. 단순히 교육생의 흥미를 유발하기 위해 영화 속 액션이나 판타지fantasy 속 테크닉을 지도하는 행위는 교육생의 삶을 위험하게 만드는 일임을 알았으면 한다.

"절대 현혹眩惑되지 마라"

▶ 정신을 빼앗겨 해야 할 것을 잊어버림

영화 〈곡성哭聲〉

"훈련이 중요한 이유는

상황 발생 시 해야 할 일을 안다는 데 있다."

시나리오 트레이닝

★

현장에서 흔히 느끼는 두려움 중의 하나는 자신이 뭘 해야 될지 모른다는 것이다. 상대는 끊임없이 나를 공격하고 있는데, 나는 무엇을 어떻게 해야 할지 모른 채 의미없는 몸부림만 치고 있다.

이런 두려움을 최소화하고 극복하기 위해서는 훈련이 필요하다. 특히 냉정한 현장에서 살아남기 위해서는 기존의 정형화된 훈련방식과는 다른 접근이 필요하다.

우리는 정해진 상대와 일 대 일로 맞서서 정형화된 테크닉을 주고받으며 연습하는 훈련방식에 익숙해져 있다. 이런 방식은 테크닉에 익숙하지 않은 사람들이 서로의 테크닉을 천천히 주고받으며 반복 숙달하는 데 적합하다.

안타깝게도 실제 현장은 그동안 열심히 수련해왔던 특정 동작의 기억을 더듬어 문제를 해결할 만큼 정형화되거나 여유 있는 상황이 아니다. 따라서 테크닉 숙달이라는 단순 접근보다 상황 해결이라는 복합적 접근이 필요하다.

비록 훈련 상황일지라도 실제와 같은 환경을 조성하여 현장감 있고 실질적인 자기방어 능력을 기를 수 있는 훈련이 실시되어야 한다. 시나리오 트레이닝이란 훈련과 실전의 차이를 조금이라도 줄이는 것을 목적으로 하는 훈련이다.

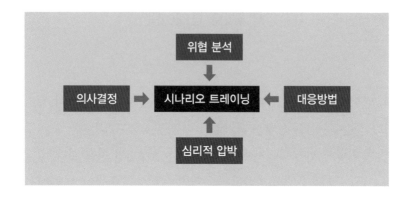

시나리오 트레이닝을 위한 조건은 다음과 같다.

현장과 같은 두려움 · 긴장 · 불안 등 스트레스 상황을 부여한다.

일정한 틀에 맞춰 안정감 있는 연습만 해온 사람이 실제 상황에 놓이면 갑자기 밀려오는 두려움 · 불안 · 긴장 등으로 인해 신체적 · 정신적 혼란이 생겨 적절하게 대응하기가 어렵다. 실제 현장이 당황스럽고 두려운 이유는 불확실한 변수들이 많기 때문이다.

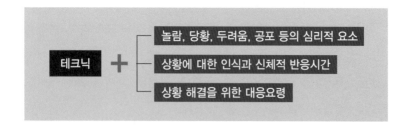

따라서 스트레스 상황에 반응하는 훈련을 실시하여 스트레스라는 자극 상황과 인간의 뇌 사이에 존재하는 반응시간을 줄이고 즉각적인 인식과 판단을 통해 신속히 행동하는 요령을 익혀야 한다.

훈련 상황은 실제 상황과 스트레스 강도가 완전히 똑같을 수는 없다. 그러나 실제 상황과 비슷한 여건을 조성해주면 현장에 대한 최소한의 이해와 행동요령을 숙달할 수 있다.

상대의 행동을 예측할 수 없어야 한다.

현장에서 상대의 행동을 신속하게 예측할 수 있으면 다행이지만, 그럴 수 없다는 것은 모두 알고 있는 사실이다. 상대는 절대 연습했던 방법과 같은 방식으로 당신을 공격하지 않는다. 뒤에서 갑자기 공격할 수도 있고, 앞에서 얘기하다가 칼을 꺼내 당신을 위협할 수도 있다.

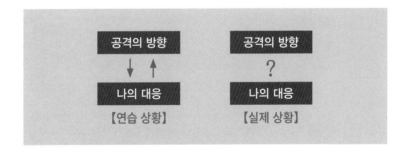

이 경우에는 상대의 행동을 예측할 수 없으므로 더욱 주의해야

하고, 반응 또한 빨라야 한다. 순간적 판단과 대응은 상대의 행동이 정해져 있는 연습만으로는 해결될 수 없다. 따라서 예측할 수 없는 곳에서 시작되는 상대의 행동을 즉시 인지하고 반응할 수 있는 훈련이 필요하다.

상대의 행동을 예측하고 리듬감 있게 반응하는 훈련은 시나리오 트레이닝 전 테크닉을 익히는 단계에서 실시하는 시범용에 불과하다.

사회적 영향에 대한 고려가 있어야 한다.

액션 영화에서 악당들을 물리치기 위해 주인공이 각종 수단과 방법을 동원하는 행위는 영화이기에 가능하다. 만약 주인공으로 인해 피해를 입은 악당들이 고소를 한다면 주인공은 법적으로 자유로울 수 있을까? 현실은 냉정하다. 자기방어와 폭력행위는 종이 한 장의 차이도 나지 않는다. 같은 행위라도 어떤 상황에서는 정당방위이고, 어떤 상황에서는 폭력행위이다.

 사례 1)

> 한 여성이 전화번호를 물어오는 상대로부터 벗어나기 위해 발로 낭심을 가격함.
>
> ↳ 폭행죄와 상해죄의 구성요건에 해당하는 위법행위

 사례 2)

> 한 여성이 칼을 들고 위협하는 상대로부터 벗어나기 위해 발로 낭심을 가격함.
>
> ↳ 폭행죄와 상해죄의 구성요건에 해당하는 위법행위

위 사례와 같은 자기방어 행위는 형법에서 규정하는 범죄행위의 구성요건에 해당하는_{상대의 낭심 가격이라는 물리력을 행사함} 위법행위이다. 그런데 사례 2)와 같이 여성이 칼을 든 상대로부터 벗어날 수 있는 다른 방법이 없어서 한 행동이 최소한의 방어행위라는 법적 정당성이 인정될 때에는 그 위법성이 조각_{阻却}되어 여성을 폭행죄나 상해죄로 벌하지 아니할 뿐이다.

자기방어를 위해 폭력적이고 공격적인 테크닉들을 연습하는 것은 신체적 대응을 위해 필요하지만, 상대에게 대응하는 모든 행위가 법적인 테두리에서 자유로운 것은 아니다. 따라서 훈련 단계에서부터 나의 행위로 인한 사회적 영향에 대해 현실적인 피드백이 필요하고, 행위의 수정·보완을 통해 자기방어에 대한 명확한 기준을 정립해야 한다.

상호간의 안전을 위한 고려가 있어야 한다.

시나리오 트레이닝은 실제 상황이 아니다. 따라서 훈련도 좋지만, 서로의 안전을 신경쓰는 매너가 중요하다. 훈련으로 인한 부상은 개인이나 단체 차원에서 마이너스이다.

필자는 신체훈련을 할 때 부상을 입는 사람을 많이 봐왔는데, 대부분의 부상은 초보자들보다 어느 정도 수련 경험이 있는 숙련자들에게서 더 많이 발생되었다. 아무래도 더 잘하려는 의식적인 행위가 부상으로 이어지기도 하겠지만, 초보자와 숙련자 구분없이 훈련 상황을 조성하는 사람이나 훈련에 참가하는 사람 모두를 위한 안전대책이 강구되어야 한다.

훈련할 때 흔히 사용하는 보호대는 왠지 모르게 불편하고 거추장스럽게 느껴질 수도 있지만 ^{필자 또한 그런 이유로 착용하지 않고 훈련한 적이 많았다}, 자신의 몸을 보호하고 상대의 원활한 훈련을 돕는 최소한의 안전장치이므로 적극적으로 사용해야 한다. 모 업체에서 제작한 고가高價의 전신슈트가 있으면 훈련에 많은 도움이 되겠지만, 굳이 전신슈트가 아니라도 안전을 위해 안면이나 낭심 부위에는 최소한 보호대를 착용해야 한다.

훈련용 도구 또한 실제 사용하는 도구보다는 트레이닝용으로 제작된 도구^{소프트한 재질의 도구}를 활용하여 상호간 안전을 보장하고 원활한 훈련이 이루어지게 해야 한다.

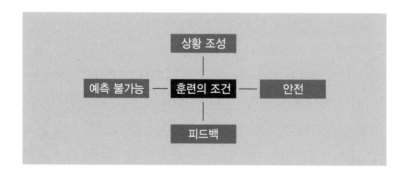

이상 네 가지는 실질적 훈련환경을 조성하기 위한 최소한의 조건

이다. 이러한 훈련은 테크닉 연습은 물론 위험에 대한 즉각적 인식과 판단, 위급상황이 가져다주는 두려움과 스트레스 극복에 도움을 주어 좀 더 현실적이고 효율적인 움직임을 습득할 수 있게 한다.

필자의 경험상 위급상황을 해결하는 유일한 방법은 훈련밖에 없다. 단순히 테크닉을 의식적으로 암기하는 행위보다 시나리오 트레이닝과 같은 가상상황을 통해 간접 경험을 함으로써 몸과 마음의 반응을 함께 익히는 방법이 위급상황 해결을 위해 매우 중요하다. 머리로 익힌 방법보다 몸으로 익힌 방법이 더 오래 간다는 사실을 기억하기 바란다.

결국 우리는 훈련한 대로 행동하게 되어 있다. 자기방어에 대한 훈련없이 해피엔딩을 꿈꾸는 일은 자신의 소중한 생명을 불확실한 확률에 의지하려는 매우 위험한 사고思考이다.

"반복된 노력은 몸이 기억하며,

그 기억은 행동으로 나타난다."

솔로 트레이닝

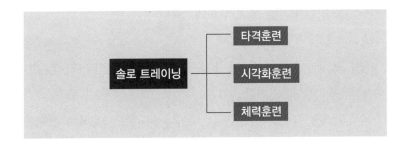

운동이든 공부든 스스로 하는 것이 중요하다. 아무리 좋은 선생과 코치가 있더라도 본인의 노력없이 가르침을 실행하기란 어려운 일이다. 필자가 생각하기에 테크닉의 습득은 스승의 가르침 1%, 자신의 몫 99%이다.

자기방어를 위해서는 하루에 1~2시간 자기방어 레슨에 참가하는 것만으로는 부족하다. 스스로 더 관심을 갖고 체득화體得化를 위해 노력해야 실제 현장에서 빛을 발할 수 있다.

> "나는 같이 연습할 사람도 없고,
> 혼자서 운동하기 좀 그래."

자기방어 연습을 하려면 상대 역할을 해줄 파트너가 필요하다. 하지만 좋은 체육관이나 훈련 파트너가 없다고 불평해서는 안 된다. 혼자서도 얼마든지 자기방어 연습이 가능하다. 혼자하는 연습은 지루하고 힘들게 느껴질 수 있지만, 범죄자와 같은 나쁜 사람들이 당신을 힘들게 하는 일보다 낫지 않은가?

솔로 트레이닝solo training은 크게 세 가지로 분류된다. 타격훈련, 시각화훈련, 체력훈련이다.

타격훈련은 자신의 신체 또는 무기나 도구를 사용하여 상대를 타격하는 훈련이다. 목표물이 있으면 목표를 향해 정확하게 타격하는 훈련을 하고, 목표물이 없으면 가상의 목표를 설정해 실제로 몸을 움직이며 동작을 익힌다.

시각화훈련은 다른 말로 상상훈련이다. 여기서 상상이란 평소 우리가 하는 일반적인 상상이 아니라 현실을 그대로 머릿속에 옮겨 구체적 행동을 그려보는 감각훈련을 말한다. 시각화훈련은 환경 조성이나 특별한 도구없이 다양한 방법으로 훈련할 수 있다.

체력훈련은 기본 중의 기본이다. 자신의 건강뿐 아니라 자기방어의 바탕이 되는 신체 능력 향상을 위해 체력훈련은 꼭 필요하다. 체력훈련이라고 해서 운동선수들처럼 많은 시간을 투자할 필요는 없다. 단 몇 분의 시간을 투자하더라도 정확하고 지속적으로 훈련해야 한다.

이상의 세 가지 트레이닝 방법은 누군가의 코칭coaching없이 혼자서도 가능하다. 처음에는 낯설고 어려울 수 있지만 반복연습하여 습관이 되면 일상처럼 자연스러워진다.

다음에 각 훈련방법에 대해 자세히 알아보자.

타격훈련

헤비백Heavybag은 타격훈련을 할 때 매우 유용하게 쓰이는 도구이다. 미트mitt, 타격훈련용 글러브를 잡아줄 파트너가 없을 때에는 허공을 향한 타격훈련 대신 헤비백을 활용하면 목표물의 저항감을 느낄 수 있어서 유용하다.

뉴턴의 운동법칙 중 「작용과 반작용의 법칙」에 따르면 '어떤 힘이 작용할 때에는 동등하고 반대되는 힘이 반작용으로 나타난다'고 하였다. 이 법칙은 헤비백 타격 시에도 적용되기 때문에 허공을 향한 타격훈련에서 느낄 수 없는 저항감이 생기는 것이다. 실제 사

람에게 타격할 때에도 나의 힘과 반대되는 힘이 나에게 작용하므로 이런 반응 자체를 익숙하게 받아들일 수 있도록 신체감각을 향상시키는 훈련이 필요하다.

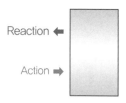

타격훈련은 부상 우려가 있는 주먹보다는 손바닥·팔꿈치·무릎을 이용하여 실시한다. 헤비백을 이용한 타격훈련은 단순함보다 디테일detail, 세부사항, 상세함한 접근이 필요하다. 단순히 강하고 빠르게 헤비백을 치는 행위보다 헤비백을 타격을 했을 때 나의 손·팔·어깨·허리·다리 등 신체의 모든 부위에 전해져오는 느낌이 어떤지, 타격으로 인해 나의 중심이 무너지지 않는지, 타격이 내가 의도한 곳에 충분한 파워를 가지고 정확히 이루어졌는지 등 나의 행위에 대한 관찰과 평가가 필요하다.

이렇게 자가self 진단을 함으로써 자신의 움직임은 더 정확해지고 강력해질 수 있다. 첫술에 배 부르지 않듯 만족할 만한 타격이 이루어지기 위해서는 상당한 시간과 훈련이 필요하지만, 자신의 생존을 위해 당연히 거쳐야 하는 과정이라 생각하면 그리 힘든 일도 아니다.

헤비백을 이용한 그라운드 상황 타격훈련

 헤비백은 기본 사용법인 세운 상태에서 사용해도 되지만, 헤비백을 바닥에 눕힌 그라운드 상황을 가정한 타격훈련도 가능하다. 그라운드 상황의 타격훈련은 자신이 상대의 위나 아래에 위치하고 있을 때의 타격감을 기르는 데 적합한 훈련으로, 서 있는 상태의 타격훈련과 함께 실시하면 포지션별 대응능력을 향상시킬 수 있다.

BOB

인체 부위를 향한 정확한 타격감각을 기를 수 있다.

헤비백 말고 더 현실감 있는 훈련을 하고 싶다면 훈련용 더미
dummy, 인체모형, BOBBody Opponent Bag, 밥 등을 이용하는 방법도 좋
다. 특히 BOB은 눈·코·입·목·늑골 등 인체의 모습을 현실감
있게 만들었기 때문에 헤비백보다 타격훈련의 정확성을 높일 수
있다.

그런데 BOB는 개인이 구매하기에는 가격부담이 있고, 해외구
매를 해야 하는 불편함이 있다. 국내 모 업체에서 생산된 제품도
있으니 관심이 있다면 활용해보는 편도 나쁘지 않다.

만약 헤비백이 구비된 체육관에 다닐 시간적 여유가 없거나 시
판 중인 헤비백을 구매하기가 부담된다면 자신의 집에 있는 푹신
한 배개2개를 겹치면 더욱 좋다와 끈을 이용하여 간이 헤비백을 만들어
사용할 수도 있다. 먼지도 털고 운동도 하고 일석이조의 효과를 볼
수 있다. 그러나 배개는 훈련용이 아니므로 헤비백보다 타격에 대
한 반응훈련이 약할 수 있다.

시각화훈련

시각화훈련은 말 그대로 눈에 보이지 않는 장면을 눈에 보이는 장면처럼 생각하고 판단하며 움직이는 과정을 훈련하는 것이다. 시각화훈련은 눈으로 직접 진행 사항을 확인하고 자신의 신체를 실제 움직여보는 일종의 정신적 리허설기법이다.

고도의 집중력과 운동수행능력이 요구되는 선수들은 경쟁이라는 환경이 주는 압박감을 극복하고 자신의 기량을 최고로 끌어올리기 위해 시각화훈련을 반복 실시한다.

실제 국가대표 선수나 국내·외 유명 선수들은 경기에 대비하여 시각화훈련을 활용한다.

1996년 美 시카고대학 연구팀의 시각화훈련 테스트

무작위로 선발된 학생들을 3개의 그룹으로 나누어 농구 자유투 테스트를 실시하여 결과를 기록하게 하였다. 30일 동안 그룹당 별도의 과제를 수행하게 한 후 다시 자유투 테스트를 실시한 결과는 다음과 같았다.

A 그룹 – 매일 신체 연습 실시 ◈ 24% 향상
B 그룹 – 신체 연습 미실시 ◈ 개선되지 않음
C 그룹 – 시각화훈련 실시 ◈ 23% 향상

시카고 대학의 연구 결과를 보면 매일 신체 연습을 실시한 그룹과 시각화훈련을 실시한 그룹의 결과치가 거의 동일하다. 아직 시각화훈련이 신체 연습을 능가한다는 연구 결과는 없는데, 시카고 대학의 연구 결과나 시각화훈련을 실시한 선수들의 경기 결과로 볼 때 시각화훈련이 긍정적인 효과가 있는 것은 분명해 보인다. 그럼 왜 이런 결과가 나오는 것일까?

인간의 움직임은 뇌의 지배를 받는다. 감각기관으로부터 입력된 정보가 신경이라는 연결통로를 통해 뇌에 전달되면 뇌는 다시 신경을 통해 근육에 명령을 내려 움직임이 만들어지는 것이 인체의 운동원리이다.

A라는 감각정보가 있고 B라는 움직임이 있다고 가정해 보자. 우리가 A라는 감각정보에 대응하기 위해 B라는 움직임을 만들어 내서 움직임을 반복하면 뇌는 A=B라는 움직임의 패턴을 기억하게 된다. 시각화훈련은 실제 움직임의 패턴과 관련된 신경세포를 움직임없이 자극을 주어 활성화시키는 방법이다.

나의 생각과 의도	⇒	신경세포의 활성화	⇒	움직임의 패턴 기억

우리 뇌는 실제 움직임과 시각화된 움직임을 구분하는 능력이 부족하다. 따라서 시각화훈련을 실시하는 방법만으로도 실제 움직임을 연습한 것과 같은 효과를 낼 수 있다. 즉 시각화훈련을 통해 실제 움직임과 동일한 뇌영역을 자극함으로써 그 움직임의 패턴을 기억할 수 있다. 그리고 움직임의 패턴은 자극이라는 외부조건이 주어지면 자연스럽게 활성화된다.

시각화훈련 방법은 단순히 움직임을 상상하는 것만으로는 부족하다. 이에 효율적인 시각화훈련을 위한 훈련방법 3단계를 소개한다. 처음에는 시각화훈련이 어색하고 적응하기 어렵겠지만, 반복하다보면 자연스럽게 습관이 되는 것은 불변의 진리이다.

1단계 관찰하기

시각화훈련의 첫 단계는 눈앞에 정지된 화면을 만드는 단계이다. 먼저 자신의 앞에 놓은 물건을 360도로 관찰하여 물건의 크기 · 색 · 특징을 자세히 기억한다. 그다음 눈을 감고 좀 전에 관찰한 물건의 전체 모습을 선명하게 그려본다. 눈을 감고 있더라도 물건이 마치 눈 뜨고 보는 장면처럼 선명하게 묘사되어야 한다.

2단계 움직이기

시각화훈련의 두 번째 단계는 움직이며 감각적으로 느껴 보는 단계이다. 물건의 무게와 촉감은 어떤지, 물건을 던지기 위해서는 어느 정도의 힘을 줘야 하고 어느 시점에서 물건을 놓아야 하는지, 손가락의 움직임은 어떤지 등을 구체적으로 느껴본다.

3단계 적용하기

시각화훈련의 세 번째 단계는 1단계와 2단계가 불편함없이 잘 진행되었을 때 실제로 적용해보는 단계이다. 이때 제3자의 시점이 아닌 영화 속 주인공의 입장, 즉 1인칭 시점action cam(몸이나 장비에 부착한 초소형 캠코더)을 머리나 chest harness(가슴벨트)에 착용한 것처럼에서 눈앞의 모든 장면을 시각화해야 한다.

시각화훈련을 위한 시나리오에는 시각불분명한 상상이 아닌 고해상도 영상, 청각범죄자의 외침, 협박 등, 신체적 느낌상대의 저항, 통증, 관절의 움직임 등과 같은 실제 현장의 감각이 반드시 포함되어야 한다. 즉 세부적이고 사실적인 묘사가 3단계의 필수요소이다.

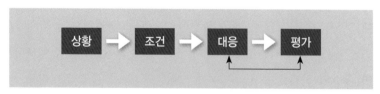

시각화훈련의 흐름

시각화훈련은 상황→조건→대응→평가의 순으로 진행된다. 시간, 장소, 상대방 행위 등의 상황을 먼저 조성한 후 자신의 대응 조건을 설정한다. 시나리오의 핵심이라고 할 수 있는 대응 단계에서는 조건과 부합하는 자신의 움직임을 현실적이고 구체적으로 묘사해야 한다.

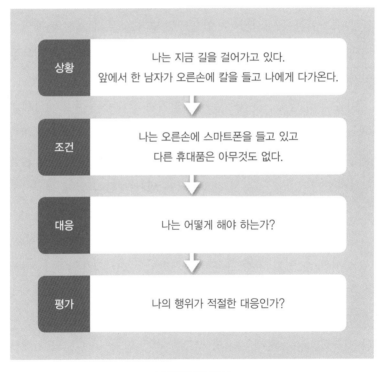

시각화훈련 예시

여기까지는 실질적인 시각화훈련의 과정이다.

나머지 평가 단계는 움직임의 결과에 대한 실질적 효과, 대응상 문제점, 법적·도덕적 정당성 여부 등을 스스로 평가하는 시간이다. 평가를 통한 행동의 수정 보완이 중요하므로 대응 단계에서 종료하지 말고 대응↔평가의 순환과정을 꼭 거치도록 한다.

상황 해결에 너무 중점을 두다보면 자신의 행위가 부당하고 무차별적으로 거칠어질 수 있다. 자칫 그런 행위 역시 정당방위라는 잘못된 가치관이 형성될 수 있으므로 평가를 통해 자신의 행위를 되새겨 보고, 행위에 대한 책임은 전적으로 자신에게 달려 있음을 잊지 말아야 한다.

이와 같이 상황→조건의 순서로 환경과 상대방을 먼저 시각화한다. 그다음 나의 성공적 대응을 시각화함으로써 상황 해결에 대한 긍정적인 이미지 형성과 행동요령, 집중력, 강력한 생존의지 등을 향상시킬 수 있다. 이것은 자기방어에 대한 정당성 있는 행위기준 확립에도 도움이 된다.

부상이나 직장 문제 등 외부적 훈련여건에 제약이 있을 때에 혼자 실시할 수 있는 가장 유용한 훈련방법이 시각화훈련이다. 정해진 프로그램과 시나리오가 아닌 시간과 장소, 각종 위해도구, 상대방의 움직임 등을 상상함으로써 자신의 반응을 그려볼 수 있다. 또한 시각화훈련을 통해 자신의 부족한 점을 업그레이드시킬 기회를 얻는다면 자기계발을 위해서도 좋은 일이다.

시각화훈련을 위한 환경 설정

- 나만의 공간을 찾는다.
- 스스로 이미지를 형성하는 것이 어렵다면 영상이나 뉴스 속 이미지를 참고한다.
- 훈련 중 이미지 유지가 어렵다면 잠깐 진행을 멈추고 해결책을 생각한 후 다시 실시한다.
- 훈련의 결과는 항상 긍정적인 것이 좋다.
- 훈련의 결과가 부정적이면 수정 · 보완의 피드백이 반드시 필요하다.
- 실제 움직임과 시각화훈련을 병행하여 실시하면 더욱 효과적이다.

다시 한 번 강조하면 시각화훈련을 할 때는 단순히 문제 해결 상황을 상상하는 방식에 그쳐서는 안 된다. 상황에 대한 긍정적인 결과뿐 아니라 부정적인 결과도 시각화해서 대응방안을 모색해야 한다. 테크닉 또한 손가락 하나하나의 움직임까지 정확히 이루어지도록 처음에는 느리게, 숙달되면 빠르게 시각화하는 방법으로 반복 실시한다.

상상의 힘은 생각보다 크다. 그리고 다양한 상황을 설정하여 정신적 리허설을 해본다. 직접 경험이 아니더라도 간접 경험의 기억을 몸에 익히면 조건반사적 움직임이 만들어질 수 있다. 상상은 자유이니 돈이 들거나 법적인 다툼이 없다 마음껏 활용해보길 권한다.

체력훈련

운동선수를 훈련시킬 때 빠지지 않고 하는 것이 체력훈련이다. 운동선수뿐 아니라 경찰, 소방관, 군인, 경호원도 업무에 앞서 일정 수준의 체력이 요구된다.

실질적인 테크닉을 배우고 연습하기에도 시간이 모자랄 판에 왜 사람들은 굳이 힘들고 고통스러운 체력훈련을 할까? 답은 간단하다. 테크닉은 결국 몸의 움직임이기 때문이다. 따라서 테크닉을 잘 사용할 수 있는 신체능력을 갖추기 위해서는 체력훈련이 필수이다.

자기방어를 위해서는 운동선수와 같이 수행능력 향상을 위한 체력훈련이 반드시 필요하다. 테크닉이라는 소프트웨어가 아무리 훌륭하더라도 그것이 운용될 수 있는 하드웨어인 신체가 튼튼하지 못하면 아무 의미가 없다. 자기방어 테크닉의 성능과 효용은 건강한 신체로부터 나온다.

체력훈련의 강도는 운동선수와 같은 수준을 요구하는 것은 아니나, 상대에게 저항할 수 있을 정도의 힘을 기를 수 있는 훈련이 필요하다. 너무 낮은 강도의 훈련보다 자신의 신체에 적당한 자극이 가고 호흡이 거칠어질 정도의 훈련을 하루에 몇 분이라도 실시하는 편이 좋다. 그것이 반복되면 자신의 몸은 적응하게 되고, 나아가 더 큰 자극을 원한다.

이런 과정을 거쳐 체력이 향상된다. 꼭 자기방어를 위한 목적이 아니더라도 자신의 건강을 위해 체력훈련은 필요하다.

사람은 적응의 동물이다.
훈련의 강도와 빈도가 점차 늘어날수록 체력은 향상된다.

– 트레이닝의 원리 중에서 점진성의 원리

몇 년 전부터 피트니스계의 새로운 트렌드 중의 하나가 맨몸운동이다. 한때는 시설 좋은 체육관이나 케틀벨kettlebell과 같은 멋진 도구가 있어야 운동을 제대로 하는 것이고, 팔굽혀펴기와 같이 단순한 운동들은 멋없어 보인다고 생각하던 시절이 있었다.

하지만 지금은 운동에 관한 패러다임이 변화되어 팔굽혀펴기도 단순하지 않은 종목으로 평가받는다. 오직 자신의 체중을 이용한 저항훈련이 각광脚光받는 시대가 온 것이다.

맨몸운동은 언제 어디서나, 아무 도구없이, 조금의 공간만 있으면 얼마든지 할 수 있다. 체육관에 가거나 유능한 코치가 옆에 없더라도 인터넷이나 각종 영상매체를 통해 스스로 운동할 수 있다.

일상이 너무 바빠 시간이 없더라도 집에서 팔굽혀펴기^{대부분의 사}람들이 기본적으로 알고 있는 대표적인 종목 몇 회라도 꾸준히 하자. 팔굽혀펴기 자세를 유지하는 것이 힘들면 무릎꿇고 팔굽혀펴기를 해도 된다. 안 되는 것은 없다. 마음만 있으면 누구나 할 수 있다. 계속하다보면 5회가 10회가 되고, 10회가 20회가 되고, 20회가 30회가 된다. 다만 정확한 자세로 꾸준히 노력한다면 말이다.

이는 필자가 직접 경험한 부분이다. 자신있게 말할 수 있다. 턱걸이 자체를 힘들어하던 사람이 턱걸이시험에서 만점을 받고 대학에 들어갔으니 말이다. 어떠한 요행없이 반복 연습만이 비결이다.

팔굽혀펴기는 보디빌딩선수처럼 터질듯한 근육은 아니더라도 내가 생존하는 데 필요한 최소한의 근력은 만들어준다. 만약 좀 더 여유가 있다면 스쿼트^{squat}와 같은 하체운동을 실시하면 상·하체의 균형감 있는 발달에 도움이 된다.

필자는 아무리 바빠도 집에 설치한 턱걸이봉을 이용한 턱걸이를 비롯한 몇 종목의 맨몸운동을 매일 한다. 체육관을 이용할 수 없는 생활패턴 때문이기도 하지만, 체력관리를 위해 굳이 비싼 돈을 투자할 필요가 없다는 생각이 들어서 시작한 운동이 맨몸운동이다.

운동기구가 신체 능력을 향상하는 데에 새로운 자극이 되고 효율적인 훈련에 도움을 줄 수 있다. 그러나 중요한 것은 하고자 하는 마음이지 운동기구가 아니다.

끝으로 자기방어를 위한 체력훈련을 하는 사람에게 한 가지 당부의 말을 한다. 체력훈련의 일환으로 팔굽혀펴기나 스쿼트, 기타 다른 무엇을 하든지 동작횟수나 무게에 얽매이지 말고 정확한 동작으로, 안전하게, 지속적으로 실시해야 한다. 횟수나 무게에 신경 쓰다보면 자세가 무너지기 마련이고, 자세가 무너지면 자신의 신체능력 향상에 전혀 도움이 되지 않을 뿐만 아니라 부상으로 이어질 수도 있다.

단 한 번의 팔굽혀펴기를 하더라도 정확하게 실시하는 습관이 중요하다. 괜한 자존심 때문에 원하는 횟수를 채우려고 자신의 몸을 혹사시켜서는 안 된다. 결과에 집착하면 과정이 정당하지 않을 수 있다. 삶과 자기방어, 훈련 모두 정당해야 한다. 그래야 떳떳해진다.

"스스로의 땀이 없으면 절대 이룰 수 없다.

쉽게 살 빼는 방법이 없듯이

자기방어 또한 그러하다."

부록

비상탈출

비상탈출과 자기방어

　비상탈출은 갑자기 맞이한 위험상황이나 위험한 공간에서 벗어나는 것을 의미한다. 사고는 때와 장소를 가리지 않고 우발적으로 발생되므로 비상탈출 요령을 익히는 것 역시 자기방어의 일환이다.

> 2016년 10월, 경부고속도로 ○○ 인근을 달리던 관광버스에서 불이 나서 탑승자 10명이 미처 빠져나오지 못한 채 버스는 전소됐다. 당시 버스는 차선분리대에 출입문이 가로막혀 인명 피해가 더 커질 수밖에 없었다.

경부고속도로 버스 화재사고는 비상탈출 요령 교육의 필요성을 잘 드러내준다. 고장이나 화재로 출입문 사용이 불가능할 때 어떻게 탈출해야 하는지, 비상탈출용 도구는 어디에 비치되어 있고 어떻게 사용하는지 등이 사전에 모두에게 전달되었거나, 한 사람이라도 비상탈출 요령을 알고 있었다면 이와 같은 참사는 일어나지 않았을 것이다.

경부고속도로 버스 화재사고뿐 아니라 건물에서 화재가 날 때 비상탈출용 도구의 사용법을 몰라 건물에서 추락한 사고 사례를 보더라도 평소에 비상탈출 요령을 익히는 것이 얼마나 중요한지 알 수 있다.

우리가 비상탈출 요령을 배우는 이유는 단순한 안전지식 습득과 일시적 체험을 위해서가 아니다. 비상탈출은 자신의 생명과 직결되기 때문이다. 따라서 지속적인 관심과 함께 안전해지고자 하는 노력이 반드시 필요하다.

필자가 생각하는 비상탈출은 전문가와 같은 수준을 요구하지 않는다. 익히는 방법도 오랜 시간과 고난이도 테크닉이 요구되지 않으므로 조금의 관심과 노력만 있다면 누구나 쉽게 배울 수 있다. 한번 배워 놓으면 비상 상황이 발생하더라도 당황하지 않고 유용하게 활용할 수 있다.

오늘을 무사히 보냈더라도 내일의 안전은 그 누구도 예상할 수 없다. 그래서 안전 문제에 관해서는 엄격해야 한다. 자신뿐 아니라 가족들을 보호하기 위해서도 비상탈출을 비롯한 안전 문제에 대해 관심을 가졌으면 한다.

전술적 자기방어라는 필자의 글을 마무리하며 뭔가 하나 더 전달할 부분이 없을까 고민하던 차에 일반인의 일상과 관련된 안전 문제를 다루고 싶어 부록을 첨부하였다. 부록 내용은 차량유리를 이용한 비상탈출인데, 필자의 경험과 연구 결과를 함축하였다. 거창한 내용은 아니지만 알아둔다면 자신의 일상이 좀 더 안전해지리라 생각한다.

"아는 만큼 사고와 행동의 폭이 넓어지고

움직임 또한 다양해진다."

차량 내 비상탈출

★

차^車는 우리의 일상생활에서 빼놓을 수 없는 이동수단이다. 차가 없는 가정은 거의 없고, 이동에 편리한 기차·버스·택시 등은 우리가 흔히 이용하고 있는 교통수단이다.

여기에서는 우리가 자주 이용하는 차와 관련된 안전, 즉 차량 내 비상탈출에 대해 소개한다. 크게 어려운 내용이 아니므로 알아두면 자신과 가족의 안전에 도움이 될 것이다.

차량유리의 구조와 특성

자신이 타고 있는 차에 문제가 생겼다면 차문을 열고 나오는 게 세상에서 가장 빠른 탈출법이다. 하지만 사고로 차문이 잠겼거나 손상되어 정상적으로 빠져나올 수 없다면 차량유리를 이용해야 한다. 차량유리를 이용한 탈출방법을 쉽게 생각할 수도 있지만, 이 방법 또한 아는 만큼 보이고 보이는 만큼 신속한 행동이 필요하다.

【자동차 및 자동차부품의 성능과 기준에 관한 규칙】

제34조(창유리 등)

① 자동차의 앞면창유리는 접합유리 또는 유리·플라스틱 조합유리로, 그밖의 창유리는 강화유리, 접합유리, 복층유리 또는 유

리·플라스틱 조합유리 중 하나로 하여야 한다. 다만 컨버터블 자동차 및 캠핑용자동차 등 특수한 구조의 자동차의 앞면 외의 창유리와 피견인자동차의 창유리는 그러하지 아니하다.

위 규칙에서 알 수 있듯 차량유리는 운전자와 탑승자의 안전을 위해 일반 판유리가 아닌 접합유리, 강화유리와 같은 안전유리 safety glass를 사용한다. 일반 판유리를 사용하면 유리 자체의 강도가 너무 낮아 깨질 때 파편이 불규칙적으로 튀어 2차 피해를 불러올 수 있기 때문이다.

판유리는 깨질 때 불규칙적으로 튀어 위험하다.

— **memo** ———

경찰관이 차량 안에 있는 운전자를 체포하기 위해 삼단봉 등으로 차량 전면 유리를 수차례 가격하는 모습을 TV나 영상으로 본 적이 있을 것이다. 전면 유리는 접합유리이어서 어떠한 도구를 사용하더라도 깨려면 시간이 소요되지만, 측면이나 후면 유리는 강화유리이기 때문에 한 번의 가격으로 쉽게 깨트릴 수 있다.

대부분의 차량은 전면이 접합유리, 측면과 후면은 강화유리로 되어 있다일부 차종은 사면이 접합유리로 되어 있는 경우도 있다. 따라서 접합유리와 강화유리의 특성을 알면 보다 쉽게 탈출할 수 있다.

접합유리

접합유리laminated glass는 유리와 유리 사이에 PVBpolyvinyl butyral 필름을 넣고 열과 압력을 이용하여 접합한 것이다. 유리가 외부 충격에 의해 깨질 수 있으나, 파편이 중간막에 달라붙은 채 고정되어 있어 유리파편에 의한 신체 손상이나 충격을 줄일 수 있다.

우리나라는 법으로 차량 전면유리는 접합유리를 사용해야 한다고 명시하고 있다. 따라서 우리나라에서 생산·운행되고 있는 차량의 앞면은 모두일부 특수목적 차량 제외 접합유리를 사용한다고 보면 된다.

접합유리는 관통이 되지 않게 만든 유리이다.

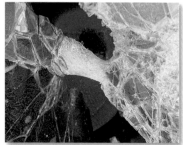

접합유리의 중간막은 쉽게 끊어지지 않는다.

강화유리

　강화유리tempered glass는 일반 판유리보다 강도를 더 강화하기 위해 별도로 열처리 과정을 거친 것이다. 일반 판유리에 비해 외부충격에는 강하나 일정 수준을 넘어선 충격을 받으면 작은 알갱이 형태로 깨져버리는 특성이 있다. 그래서 강화유리가 깨지더라도 날카로운 유리조각에 의한 부상위험이 적다. 이 때문에 샤워부스나 자동차유리, 출입문 등에 많이 쓰인다.

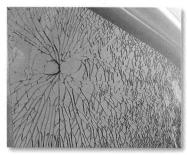

강화유리는 특정상황에 잘 깨지게 만든 유리이다.

강화유리는 외부 충격을 받으면 작은 알갱이 형태로 깨진다.

강화유리는 충격을 받으면 충격지점이 부분적으로 파손되는 것이 아니라 전체적으로 확 깨져버린다. 그래서 외부 침입방지나 방탄성능이 요구되는 시설에는 잘 활용되지 않는다.

차량의 경우 충격 시 운전자의 안전과 효율적 탈출을 위해 차량의 측면과 후면 유리로 강화유리를 많이 사용한다방탄 차량 제외. 일부 차량은 모든 면을 접합유리로 장착하였다.

자신의 차량유리 또는 대중교통의 차량유리가 접합유리인지 강화유리인지는 차량유리에 표기된 문구를 보면 금방 알 수 있다. 재미삼아 유리의 종류를 확인해보는 습관을 가지면 자연스럽게 자신의 안전도 보장된다.

대부분 자동차의 유리는 틴팅tinting, 착색한 필름처리가 되어 있
어 유리가 깨지더라도 내부 탑승자에게 피해를 줄 만큼 유리
가 사방으로 날아 흩어지지 않는다. 따라서 강화유리를 깬 다
음에는 접근이나 탈출이 용이하도록 유리를 걷어내야 한다.

비상탈출용 도구의 활용

대중교통을 즐겨 이용하는 사람이라면 비상탈출용 망치를 본 적이 있을 것이다. 일반인들은 망치가 힘없게 생겨 그 성능을 의심할지도 모른다. 필자도 그랬던 적이 있다.

비상탈출용 망치는 일반 망치와 달리 타격 부위가 뾰족한데, 이는 강화유리의 특성을 이용하기 위해서이다. 강화유리는 둔탁한 외부충격에 강한 장점이 있으나, 뾰족한 도구에 의한 충격에는 한없이 약한 구조이다. 그래서 차량의 비상탈출용 도구는 모두 뾰족한 형태를 띠고 있다.

버스 내에 설치된 비상탈출용 망치

만약 이 도구가 없다면 어느 정도의 강도를 가진 물건의 모서리로 차량유리에 충격을 가하는 것도 하나의 방법이다. 일부 매체에서 차량유리는 중심부보다 테두리가 충격에 약하다고 소개했는데,

현실적으로 차량유리의 어느 부분에 충격을 줄지가 관건이 아니라 어떤 형태의 도구로 충격을 가할지가 강화유리를 깨뜨릴 수 있는 중요한 요소이다.

아래 사진과 같이 비상탈출용 도구를 사용하여 강화유리를 깨면 한 번의 충격으로 전체가 깨진다. 그러나 대부분 차량유리는 틴팅 필름을 장착했기 때문에 쏟아지지 않고 형태를 유지하고 있다.

시판 중인 비상탈출용 제품

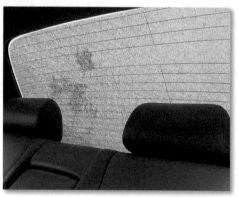

유리의 깨짐은 발생하나 틴팅필름으로 인해 쏟아지지 않는다.

그럼 강화유리가 아닌 접합유리에 비상탈출용 도구를 사용하면 어떤 현상이 벌어질까? 앞서 얘기한 접합유리의 특성에서 알 수 있듯 깨지는 모양 자체가 접합유리는 강화유리와 다르다. 접합유리에는 몇 번의 충격을 가하더라도 충격지점 주위의 유리만 깨질 뿐_{강화유리는 전체적으로 깨져 버린다} 전체가 깨지지 않으며, 쉽게 뚫리지 않고, 중간막에 의해 견고한 형태를 유지하고 있다.

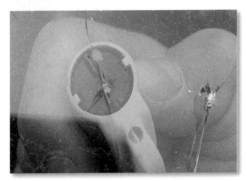

접합유리에는 비상탈출용 도구가 도움이 되지 않는다.

따라서 강화유리에서는 효과적인 비상탈출용 도구가 접합유리에서는 무용지물이나 다름없다. 유리가 제대로 깨지지 않는 건 유리의 특성 때문이지 도구의 잘못이 아니다.

자동차 전면부는 접합유리로 되어 있어 전면부를 통한 탈출은 시간이나 효과면에서 비효율적이다. 단 1초도 아까운 비상 상황에서 전면부로 탈출하기 위해 생존의 골든타임을 소비해서는 안 된다. 전면유리가 다른 유리에 비해 넓어 탈출이 쉬울 것이라는 선입

것은 자신을 더 큰 위험에 빠뜨린다.

상황 발생 시에는 비상탈출용 도구를 사용하여 측면부나 후면부의 유리에 즉시 충격을 가해야 한다. 충격 부위는 정중앙이든 유리의 가장자리든 크게 상관이 없다. 앞서 언급했듯 어떠한 형태의 도구로 어떤 유리를 충격할는지가 중요할 뿐이다.

측면이나 후면 유리를 활용하여 생존의 골든타임을 놓치지 말자.

필자는 버스, 택시, 기차 등 대중교통을 이용할 때마다 습관적으로 확인하는 부분이 있다. 차량유리의 재질과 비상탈출용 도구의 위치이다. 굳이 확인하지 않더라도 교통수단 이용에 지장은 없다. 사고가 발생하지 않는 이상은 말이다. 그런데 언제까지 사고발생 확률에만 의지할 것인가?

다시는 안타까운 사고들이 반복되지 않았으면 하는 바램을 가지고 이쯤에서 필자의 글을 마무리하고자 한다. 안전한 대한민국을 기원한다.

온세상 사람이 모두 아름다운 것을 아름답다고 여기지만,
무엇을 아름답다고 여기는 동시에 추한 것도 생긴다.
온세상 사람이 모두 좋은 것을 좋다고 여기지만,
무엇을 좋다고 여기는 동시에 좋지 못한 것도 생긴다.
어느 한 쪽을 인정하는 것은
다른 쪽이 있다는 의미를 함축하고 있기 때문이다.

모양 있는 현상과 모양 없는 근원,
어려움과 쉬움,
길고 짧음,
높고 낮음,
맑은 소리와 탁한 소리,
앞과 뒤,
이런 것은 모두 상대적으로 동시에 생긴다.

그러므로 모든 것이 상대적이라는 것을 깨달은 사람은
무슨 일을 하든지 욕심을 부려 억지로 하지 않으며,
누구를 훈계하거나 가르치려 들지도 않는다.
무슨 일을 할 때 자기처럼 하라고 부추기지도 않고
왜 그렇게 하냐고 잔소리를 하지도 않는다.
무엇을 만들어내도 자기 것으로 여기지 않으며,
일을 하고서도 뽐내지 않으며,
무엇을 완성해 놓고도 거기에 집착하거나
자기가 무엇을 했다는 생각이 없다.
상대적인 관점이 없기에 무엇에도 집착하지 않는다.
그의 행위는 이렇게 어디에도 얽매이지 않고 자연스럽다.

- 노자 《도덕경》에서/정창영 譯

마치며

　세상을 모르던 어린 나이에 아버지의 손에 끌려 '무武'라는 것을 처음 접했다. 시간이 흘러 세상을 알고 판단할 나이가 되었을 때쯤 진정 내가 원하는 것에 대한 본질을 찾고 싶었으나, 나의 틀에서는 한계가 있었다. 그래서 '무武'에 대한 열정 하나로 정들었던 곳을 떠나 혼자만의 여행을 시작하였고 많은 경험을 하며, 국내외에서 다양한 부류의 사람들을 만나 많은 것을 배웠다.

　그들 중에는 다른 종목을 폄하하여' 자기 것을 돋보이고자 하는 이도 있었고, 그냥 묵묵히 자기의 길을 걸어가는 이도 있었으며, 다른 종목과의 적절한 조화를 추구하는 이도 있었다. 여건상 세상의 모든 종목들을 다 경험할 기회는 없었지만 내가 경험해본 종목들 모두 저마다의 정신과 철학, 특징을 가지고 그 틀 안에서 가장 적합한 몸의 움직임을 만들어내고 있었다.

　어차피 각 종목의 수련 환경과 실제 현장은 동일할 수 없다. 그리고 동일하게 평가되어서도 안 되는 부분이다. 특정 종목을 수련한다고 그 사람이 특별해지는 것은 아니다. 강력한 호신용품을 지니고 다닌다고 100% 안전해지는 것도 아니다. 나의 몸을 보호하기 위한 비기秘技나 도구를 찾아서 헤매기보다 나의 안전을 위한 조금의 관심과 노력이 위기상황에서 나를 도와 줄 든든한 힘이 된다. 현장은 경기장이 아니므로 현장에서 진정 필요한 부분은 자신감과 멋없어 보이는 동작 하나면 충분하다.

아무쪼록 필자의 부족한 글로나마 자기방어에 대한 이해에 도움이 되기를 기원한다. 스스로 노력하여 안전한 삶을 영위할 수 있다면 그보다 좋은 일이 어디 있겠는가? 대한민국의 안전을 담당하고 있는 경찰관의 한 사람으로서 앞으로도 소중한 나의 동료들과 함께 주어진 임무에 최선을 다할 것이고, 대한민국 모든 사람들이 자기방어를 생활화하여 범죄자의 불법적 행위에 맞서 당당하고 더욱 안전해지기를 바란다.

끝으로 당부드리고 싶은 점은 우리가 자기방어라고 말하는 다양한 움직임들은 동전과 같이 양면성을 가지고 있다는 현실이다. 하나는 칼·각목 등 각종 위해도구를 소지한 위해자의 불법행위에 대한 정당방위로서의 행위이고, 다른 하나는 정당방위 행위를 넘어선 과잉방위, 부당한 침해 등의 공격적 행위이다. 어떤 행위를 선택할지는 본인의 몫이겠지만, 피해자가 가해자로 바뀌어서는 안 된다는 것을 꼭 명심했으면 한다.

"삶은 영화가 아니다.
당신의 행위는 항상 법이 평가한다."